JN088882

THE POWER OF REGRET

振り返るからこそ、前に進める

ダニエル・ピンク
Daniel H. Pink

池村千秋 訳

かんき出版

私たちは後悔なく生きたいと願い、
後悔はないと誇らしげに主張することすらある。
しかし、そんなことは実際にはありえない。
なぜなら、少なくとも私たちは死ぬ運命にあるのだから。

——ジェームズ・ボールドウィン、一九六七年

THE POWER OF REGRET
BY Daniel H. Pink

Copyright ©2022 by Daniel H. Pink
All rights reserved.

Japanese translation rights arranged with Curtis Brown Group Limited
through Japan UNI Agency, Inc., Tokyo

THE POWER OF REGRET
振り返るからこそ、前に進める

もくじ

PART 1 後悔の名誉回復

デザイン：杉山健太郎
校正：円水社
DTP：野中賢／安田浩也（システムタンク）

PART 1

後悔の
名誉回復

第Ⅰ章 「後悔なんてしない」主義の落とし穴

一九六〇年一〇月二四日、シャルル・デュモンという作曲家がパリの豪奢（ごうしゃ）なアパルトマンを訪ねた——胸には大きな不安を、書類カバンにはいくつもの楽譜を携えて。部屋の住人はエディット・ピアフ。当時のフランスで知らぬ者はなく、世界でも指折りの有名な歌手と言ってもいい存在だった。

このとき、ピアフは体調がすぐれなかった。まだ四四歳だったが、相次ぐ交通事故と、薬物の常用、そして過酷な人生により、その肉体はむしばまれていた。体重は四五キロ足らずで、三カ月前には肝臓の病気で意識を失ったこともあった。

しかし、肉体は弱っていても、持ち前の気性の荒さは健在だった。ピアフは、デュモンと、同行した作詞家のミシェル・ヴォケールを二流の音楽家と見下していて、当日になってから秘書を通じて面会の約束をキャンセルしようとしたくらいだった。二人が訪ねてきたときも、最初は会うことを嫌がり、不安で胸がいっぱいの二人をリビングルームで長々と待たせた。それでも、就寝前に、部屋着のブルーのガウンを身にまとって二人の前に姿をあらわした。ようやく、話を聞く気になったのだ。

一曲だけ聞きましょうと、ピアフは二人に言った。一曲だけ、と。

デュモンはピアノの前に座り、緊張で汗を垂らしながら演奏を始めた。そして、ヴォケールの歌詞をささやくように歌った。[1]

まったくなにもない。
後悔していることなんて、まったくない。

ピアフは、本当にデュモンがこの曲をつくったのかと驚き、もう一度演奏するよう求めた。そのあと、たまたま遊びに来ていた友人たちを呼び、その前でまた演奏させた。さらに、家政婦たちも呼んで、曲を聞かせた。

長い時間が経った。デュモンは何度も何度も演奏した。一説によると、その回数は二〇回を超えたという。やがてピアフは、パリの一流コンサート場であるオランピア劇場の監督に電話して呼び出した。その人物が駆けつけたときには、日付が変わろうとしていた。

まったくなにもない。
後悔していることなんて、まったくない。
もう償い、清算し、すべて忘れた。
過去のことなんてどうでもいい。

数週間後、ピアフはフランスのテレビ番組でこの二分一九秒の曲を披露した。一二月には、オランピア劇場でのコンサートの締めくくりにこの曲を歌い、盛り上がった観客たちから二二回ものカーテンコールを受けた。このコンサートの大成功は、オランピア劇場を経営破綻の危機から救った。「後悔していることなんて、まったくない」（邦題「水に流して」）のレコードは翌年末までに一〇〇万枚以上を売り上げ、それにより、ピアフはシャンソン歌手の域にとどまらない、フランスの象徴のような存在になった。ピアフが世を去ったのは、それから二年後のことである。

＊＊＊

二〇一六年二月のある日曜日。寒い朝に、アンバー・チェイスはカナダ西部の都市カルガリーのアパートで目を覚ました。ボーイフレンド（現在の夫）が不在にしていたので、前の晩は女友だちのグループで飲みに行き、何人かがチェイスのアパートに泊まった。

その朝、カクテルのミモザを飲みながら、おしゃべりをしていたとき、退屈しのぎもあって、あるアイデアを思いついた。「今日、タトゥーを入れようよ!」。こうしてみんなで車に乗り、ハイウェー沿いにある「ジョーカーズ・タトゥー&ボディーピアシング」という専門店を訪れた。この店の彫り師がチェイスの肌に二つの英単語を彫り込んだ。

チェイスが彫った言葉は、五年前に三八〇〇キロ離れた場所でミレラ・バチスタが選んだ言葉とほぼ同じだった。ブラジル出身のバチスタは、二〇〇代前半でアメリカのフィラデルフィアにやって来て、大学に入学した。新しい町がすっかり気に入った。大学在学中に地元の会計事務所に就職し、友だちもたくさんできた。そして、フィラデルフィアの男性と恋人になった。交際は長く続き、いずれ結婚するつもりでいた。ところが、二人の関係は交際五年目で破局を迎えた。チェイスは、それを機に人生を「リセット」したいと考えて、九年ぶりにブラジルに戻ることにした。ただし、その前に、右耳のうしろに二つの英単語のタトゥーを入れた。

バチスタは知る由もなかったが、この前の年に、兄弟のジェルマーノ・テレスもほぼ同じタトゥーを入れていた。テレスは、子ども時代にオートバイのとりこになった。医師の両親は安全志向が強く、息子のオートバイへの情熱を理解せず、応援してくれなかったが、それでもテレスはオートバイについて徹底的に勉強し、お金を貯めて、ついにスズキのオートバイを手に入れた。ところが、ある日、故郷のフォルタレザ近くのハイウェーを走っていたとき、横から追突されて左脚に大怪我を負い、オートバイに乗ることは難しくなった。テレスは膝下にオートバイのタトゥーを入れ、傷跡に沿って二つの単語を彫った。

この日、テレスが彫った言葉は、二〇一三年にポルトガルのリスボンでブルーノ・サントスが彫ったものとほぼ同じだった。企業の人事部門幹部を務めていたサントスは、チェイス、バチスタ、テレスのことは当然知らない。しかし、仕事がうまくいかずに苛立って(いらだって)いたとき、オフィスからそのままタトゥー店に向かった。そして、その店から出てきたときには、右腕に二つの単語が彫られていた。

三つの大陸で暮らす四人は、同じ二つの英単語のタトゥーを入れた。

その言葉とは、「No Regrets（後悔なんてしない）」である。

アンチ後悔主義の甘美な危うさ

私たちがいだく人生の信条のなかには、静かなBGMのようにその人の行動に影響を及ぼすものがある一方で、その人の生き方の指針を高らかに歌い上げるものもある。とりわけ大音量で鳴り響くことが多い信条のひとつは、ものごとを後悔することは愚かであるという考え方だ。後悔は時間の無駄であり、精神的幸福を妨げる——このような発想は、世界のあらゆる文化圏で声高に唱えられている。

具体的には、こんなふうに考える。過去のことは忘れて、未来をつかみ取ろう。つらいことなんて思い出すな。楽しいことだけ考えよう。よい人生を生きるためには、前に進むことに集中し、ひたすらポジティブなことだけを考えるべきだ。ところが、後悔はその妨げにしかならない。うしろ向きの発想と不愉快な感情を生むからだ。それは、幸福の血液の中に混ざる有毒物質のようなものである……。

こうした考え方が深く根を張っていることを考えれば、ピアフの曲が世界中で長く愛されて、それ以降のミュージシャンの仕事を評価する基準になったことは、不思議でない。「No Regrets」と題した曲をレコーディングしたミュージシャンには、ジャズ界のレジェンドであるエラ・フィッツジェラルド、イギリスのポップシンガーのロビー・ウィリアムズ、ケイジャンバンドのスティーヴ・ライリー&ザ・マムー・プレイボーイズ、アメリカのブルースシンガーのトム・ラッシュ、カントリーミュージックの殿堂に名を連ねるエミルー・ハリス、ラッパーのエミネムなどがいる。

高級自動車メーカー、チョコレート・ブランド、保険会社なども、テレビCMでピアフの「後悔していることなんて、まったくない」（「水に流して」）を使い、この精神への共感を表明してきた。[2]

ある信条を信奉していることを表現する手段としては、それをみずからの肉体に刻むことほど強力なものはないかもしれない。

右肘と右手首の間に黒いアルファベットの小文字で「no regrets」と彫ったブルーノ・サントスのような人は、途方もない数に上る。

性別も信仰も政治思想も異なるアメリカ文化の二人の巨人も、この信条を共有している。ポジティブ思考の始祖であるノーマン・ヴィンセント・ピール牧師は、「いっさい後悔などすべきでない」と説いた。ピールは二〇世紀アメリカのキリスト教信仰のあり方を形づくった人物であり、保守派の大統領であるリチャード・ニクソンやドナルド・トランプの師でもあった。一方、「後悔することで時間を無駄にしてはならない」と語ったのは、ルース・ベイダー・ギンズバーグだ。アメリカの連邦最高裁判所の判事を務めた史上二人目の女性であり、信仰はユダヤ教。晩年はアメリカのリベラル派の間で女神のように崇(あが)められる存在になった。[3]

セレブの世界にもこの信条は浸透している。「後悔はしないことにしている」と、俳優のアンジェリーナ・ジョリーは言う。ミュージシャンのボブ・ディランも言う。「後悔はしないことにしている」。俳優のジョン・トラボルタも言う。「後悔はしないことにしている」。トランスジェンダーのスター、ラヴァーン・コックスも、燃える石炭の上を歩く「火渡り」で有名な自己啓発のカリスマ、アンソニー・ロビンズも、ロックバンドのガンズ・アンド・ローゼズのギタリスト、スラッシュも、同じことを述べている。[4]

あなたの町の書店で自己啓発本の棚に並んでいる本を調べれば、ざっと半分は同様のメッセージを説いているに違いない。米国議会図書館には、『No Regrets』というタイトルの書籍が五〇点以上所蔵されている。[5]

歌詞に書かれて、人々の肌に彫られて、数々の賢人たちに信じられている「アンチ後悔主義」は、当然正しいものだと思われているらしい。この考え方は、無批判に信奉されている場合が多い。「つらい感情をわざわざ経験する必要などない」「ポジティブ思考の温かい陽だまりでぬくぬく過ごせばいいのに、雨雲を呼び寄せるなんて馬鹿げている」「未来の無限の可能性を思い描けるときに、過去のことでくよくよするなんて意味がない」……。

こうした発想は、直感的には理にかなっていそうに思える。正しく、説得力のある主張に感じられるかもしれない。しかし、そこには、見過ごせない欠陥がひとつある。

この考え方は、決定的に間違っているのだ。

アンチ後悔主義者が勧める行動を実践しても、よい人生を生きることはできない。その主張は、端的に言って――過激な言葉を使って恐縮だが、このように表現するほかないと思っている――救いようのないデタラメだ。

後悔することは、危険でもなければ、異常でもない。幸福への道からはずれるわけでもない。それはきわめて健全で、誰もが経験し、人間にとって欠かせない感情だ。それに、この感情は有益でもある。ものごとが明確になるし、今後に役立つ教訓も引き出せる。正しく後悔すれば、かならず精神が落ち込むとも限らない。むしろ、精神が高揚する可能性だってある。

このような考え方は、はかない白昼夢のような空想でもなければ、血も涙もない冷酷な世界で安らぎを感じるためにでっち上げた甘ったるい希望的観測でもない。それは、過去半世紀以上積み重ねられてきた科学的研究により研究者たちが到達した結論だ。

本書では、後悔という感情について考える。過去にあんなお粗末な選択をしたり、誤った決断をしたり、愚かな行動を取ったりしていなければ、現在もっとよい状況だったはず、未来がもっと明るかったはず——という苦しい感情に光を当てる。後悔に関してより正確で新鮮な視点を紹介し、後悔の強力なパワーを活用して好ましい変化を起こす方法を示したい。

＊＊＊

「後悔なんてしない」と言う人が嘘をついているわけではない。そのような人たちは、俳優のように役を演じているのだ。あまりに頻繁に、しかもすっかりその役になり切って演じているために、その役の世界が現実だと勘違いしている。私たちの人生では、このように自分を騙す心理的トリックが実践されることは珍しくない。ときには、それが健全な反応である場合もある。しかし、たいていは、そうやって自分を騙すと、真の満足感を得るために向き合うべき難しい課題を避けることになる。

エディット・ピアフもそうだった。ピアフは、後悔なんてしないと主張していた。高らかに宣言していたと言ってもいい。しかし、その四七年の生涯は、悲劇やトラブルの連続だった。

一七歳で出産したが、育児を放棄し、その子どもは三歳の誕生日を迎えずに死亡した。子どもの死に関して、ピアフは後悔による胸の痛みを感じなかったのだろうか。アルコール依存やモルヒネ依存の状態だった時期もあった。みずからが才能を発揮する足を引っ張った依存症について後悔しなかったのか。ピアフの私生活は、控え目に言っても波乱の連続だった。恋人を事故で亡くし、最初の結婚生活も破綻し、二人目の夫には莫大な借金を負わせてしまった。恋愛に関する選択の少なくとも一部を後悔することはなかったのか。

ピアフが死の床にあったとき、自分が人生でおこなった選択に満足していたとは想像しづらい。なにしろ、平均寿命より数十年も早く死を迎えることになったのは、これらの選択の多くが原因だったのだ。

「後悔なんてしない」というタトゥーを彫っている人たちはどうか。少し話を聞くと、そのような人たちが精神の内面で経験してきたことは、外に向かって表明していること（いわば演技の内容）とはかならずしも一致していないことがわかる。

ミレラ・バチスタは、恋人と長く真剣に付き合っていた。その関係が壊れたときは、とても落ち込んだ。もし人生をやり直せるなら、その男性と交際することはしないだろう。このように感じるのが後悔の感情だ。けれども、バチスタは、自分の選択が理想的とは言えなかったことを認めて、それをその後の教訓にした。私にこう語っている。「いまの私は、これまでに重ねてきたすべての決断の産物です」

これが、後悔の好ましい側面だ。バチスタは、みずからの人生から後悔を消し去ったわけではないようだ（それはそうだ。なんといっても「後悔」という言葉が肉体に永遠に刻まれている）。そもそも、後悔を最小化しようとしているわけでもない。後悔と適切な形で向き合っているのだ。

アンバー・チェイスは、三五歳で私とビデオ会議で話したとき、「人生で判断を誤る状況はたびたびあります」と語った。チェイスにとっては、最初の結婚がそうだった。二五歳のときに結婚した男性は「問題の多い人物でした」と振り返る。結婚生活は不幸せなときが多く、ときには波乱に見舞われた。

ある日、夫は突然姿を消した。「飛行機に乗って、いなくなってしまいました……そのまま二週間、音沙汰がありませんでした」。ようやく電話してきた夫は、こう言った。「きみのことはもう愛していない。家には帰らない」。この瞬間、二人の結婚生活が終わった。

もし人生をやり直せるとすれば、チェイスはこの男性とまた結婚するだろうか。そんなことはありえない。しかし、この不幸せな経験から学んだおかげで、いまは別の相手と幸せな結婚生活を送れている。

「後悔なんてしない」という人生哲学の薄っぺらさは、チェイスの肌に彫られたタトゥーにも見て取れる。そこに彫られている言葉は、実は「No Regrets」ではない。「No Ragrets」と彫られている。後悔（Regrets）の二文字目をわざと間違って記してあるのだ。

これは、二〇一三年のコメディ映画『なんちゃって家族』を意識したものだ。正直言うと、大して記憶に残るような映画ではない。ちんけなマリファナ密売人のデーヴィッド・クラーク（演じるのはジェイソン・サダイキス）は、密売組織への借金を返済するために、ニセの家族（ニセの妻と、ニセのティーンエージャーの子ども二人）とともに行動することになる。ある場面で、デーヴィッドはスコッティPという怪しげな若者と出会う。その若者は、オートバイでやって来てデーヴィッドの「娘」をデートに誘おうとする。

スコッティPは、汚らしい白のタンクトップを着ていて、肌のタトゥーがいくつか見えた。鎖骨に沿って彫られていたのは、アルファベットのブロック体で記された「No Ragrets」という言葉だった。デーヴィッドはスコッティPを座らせて、少し話そうと考えた。まず、数々のタトゥーについて順番に尋ねていった。

デーヴィッド：（「No Ragrets」のタトゥーを指さして）それは？

スコッティP：これ？　ぼくの信条なんだ。後悔はしないことにしている。

デーヴィッド：（疑わしそうな表情を浮かべて）本当かい？　後悔することはない？
スコッティP：ないよ……。
デーヴィッド：それは……一文字たりとも？
スコッティP：まったくないよ。

もしスコッティPが本当は首のまわりのタトゥーについて後悔していたとすれば、それはこの若者だけの感情ではない。タトゥーを入れた人のおよそ五人に一人は、最終的に後悔する（そのなかには、「後悔なんてしない」というタトゥーを彫った人たちも含まれているだろう）。タトゥー除去ビジネスがアメリカだけで一億ドル規模の一大産業になっているのは、そのためだ。[6] ちなみに、チェイスはタトゥーを入れたことを後悔していない。おそらく、ほとんどの人の目に触れないからだ。二〇一六年の冬の日にタトゥーを入れた場所は、お尻だったのだ。

ネガティブな感情がもつポジティブな力

一九五〇年代前半、シカゴ大学の大学院で経済学を研究していたハリー・マーコウィッツという学生がある理論を思いついた。その理論はきわめて基本的な内容なので、いままでは当たり前に思えるかもしれないが、当時は革命的な考え方だった。その功績が評価されて、のちにノーベル経済学賞が授与されたほどだ。[7]

その理論は「現代ポートフォリオ理論」と呼ばれるようになった。話を前に進めるために大ざっぱにまとめると、それは、「たまごをすべて同じ籠に入れてはならない」という格言を数学的に裏づけたものと言えるだろう。

マーコウィッツの理論が知られる前、多くの投資家は、ひとつかふたつの有望な株式に集中的に投資することこそ、株式市場で富を築く道だと思い込んでいた。確かに、途轍もない利益を生む株式がときどきある。そうした銘柄を選んで投資すれば大金持ちになれる、というわけだ。この投資戦略を実践しようとすれば、いくつもクズのような株を買う羽目になる。それでも、投資とはそういうもの、投資にリスクはつきものだ、と考えられていたのである。

それに対し、マーコウィッツは、それとは異なる投資戦略を実践することにより、リスクを減らし、手堅く利益を手にできると主張した。その方法とは分散投資である。ひとつの銘柄に集中的に投資せず、いくつかの銘柄を購入するのだ。さまざまな業種の企業に投資することも重要だ。この戦略を実践する場合、一度の投資で莫大な利益を得ることは難しいが、長い目で見れば、リスクを大幅に減らしつつ、はるかに大きな利益を上げられるというのである。あなたが投資しているインデックスファンドやＥＴＦ（上場投資信託）は、マーコウィッツの現代ポートフォリオ理論に基づいた金融商品だ。

マーコウィッツの理論は非常に強力なものだが、私たちはしばしば、投資以外の場面ではこの考え方を忘れてしまう。

人はいわば感情のポートフォリオをもっている。そのなかには、愛や誇りや畏敬などのポジティブな感情も含まれるし、悲しみや苛立ち、恥などのネガティブな感情も含まれる。私たちは概して、ポジティブな感情の価値を過大評価し、ネガティブな感情の価値を過小評価する。ほとんどの人は、一般的な助言や自分自身の直感に従い、ポジティブな感情ばかりをいだこうとし、ネガティブな感情を遠ざけようとする。しかし、このような方針で感情に向き合うことは、現代ポートフォリオ理論以前の投資戦略と同様、間違っている。

ポジティブな感情が不可欠であることは言うまでもない。そのような感情がなければ、人はどうやって生きていけばいいかわからなくなる。ものごとの明るい側面に目を向け、楽しいことを考えて、暗闇のなかに光明を探すことは重要だ。楽観的思考は、肉体の健康とも関係している。また、喜びや感謝や希望などの感情は、私たちの心理的な幸福感を大幅に高めることもわかっている。[8]

私たちは感情のポートフォリオのなかに、たくさんのポジティブな感情をもっておく必要がある。ネガティブな感情より多くのポジティブな感情をもつべきだ。[9] しかし、ポジティブな感情への投資を増やしすぎると、それはそれでよくない結果を招く。そのバランスを欠けば、学習と成長が妨げられて、自分の能力を開花させられなくなりかねない。
なぜか。ネガティブな感情も人間には不可欠だからだ。その種の感情には、私たちが生き延びていくことを助ける機能がある。私たちは恐怖心のおかげで、炎上する建物から逃げ出し、蛇を踏まないように慎重に歩く。嫌悪感をいだくからこそ、有毒なものを避け、悪しき振る舞いを躊躇（ちゅうちょ）する。怒りの感情ゆえに、人は脅威や挑発に対して警戒心をいだき、正邪を見極める感覚が研ぎ澄まされる。ネガティブな感情が多すぎれば害があることは事実だが、少なすぎてもよくないのだ。[10]

ネガティブな感情をもたない人は、同じ相手に何度も食い物にされたり、蛇に脚を噛まれたりする。大きな脳をもち、直立二足歩行をする私たち人類は、ネガティブな感情を（ときおり、しかし必要なときは徹底的に）いだく能力をもっていなければ、ここまで生き延びていなかっただろう。

悲しみ、侮蔑、罪悪感……さまざまなネガティブな感情をリストアップしていくと、ある感情が最も強力で最もしばしば見られることに気づく。

その感情とは、後悔である。

本書の狙いは、後悔が人間にとって不可欠な感情であることを改めて示すことにある。そのうえで、この感情がもつさまざまな利点を活用して、意思決定の質を向上させ、職場や学校でのパフォーマンスを改善し、より有意義な人生を生きるための方法を紹介する。

まず、後悔の名誉回復から始めたい。PART1（本章と次章以下の四つの章で構成）では、どうして後悔が重要なのかを明らかにする。ここでは、過去数十年の間に蓄積されてきた大量の学術研究を土台に分析を進める。

経済学者とゲーム理論家がこのテーマを研究しはじめたのは、一九五〇年代の冷戦期のことだった。原子爆弾で世界が破滅することが最も後悔すべき事態だった時代である。その後ほどなく、いまでは伝説的な存在であるダニエル・カーネマンとエイモス・トヴェルスキーなど、数人の非主流派の心理学者たちが新しい発見に到達した。後悔は、重要な交渉のみならず、人間の精神そのものへの理解を深める手掛かりになると気づいたのだ。一九九〇年代に入る頃には、研究領域はさらに拡大し、社会心理学、発達心理学、認知心理学の研究者たちも、人が後悔の感情をいだくメカニズムを研究するようになった。

過去七〇年間の研究から、二つのシンプルだが重要な結論を導き出すことができる。それは、以下の二つの点だ。

後悔は、人間を人間たらしめるものである。

後悔は、人間をよりよい人間にするものである。

PART1で後悔の名誉を回復したあとは、人々がいだく後悔の内容を掘り下げる。PART2は、主に私自身が実施した二つの大規模な調査プロジェクトを土台にしている。

二〇二〇年、私はアンケート調査の専門家チームの協力を得て、アメリカ人の後悔について史上最大規模の定量調査を実施した。「アメリカ後悔プロジェクト」である。四四八九人の人々がいだいている後悔について調べ、回答者が打ち明けた後悔の分類を試みた。この調査の対象者は、アメリカ社会全体を映し出すサンプルになるようにした（＊注）。

その一方で、「ワールド後悔サーベイ」というウェブサイト（www.worldregretsurvey.com）を開設して、世界中の人々から後悔の体験談も募った。一〇五の国から、一万六〇〇〇を超す体験談が寄せられた。私は寄せられた回答を分析し、一〇〇人以上に追加のインタビュー調査をおこなった（本書では、本文だけでなく、章と章の間でも「ワールド後悔サーベイ」に回答した人たちの言葉を紹介している。それを見れば、世界の人々の実に多様な経験を垣間見ることができるだろう）。

この二つの大規模な調査を土台に、ＰＡＲＴ２の七つの章では、人々が実際にどんな後悔をいだいているのかを検討する。後悔に関する学術研究の大半は、仕事、家庭、健康、恋愛、お金など、人生の分野ごとに後悔を分類している。しかし、このような表層レベルにとどまらず、もっと深く掘り下げると、これらの分野の枠を越えた後悔の深層構造が見えてきた。

（＊注）この調査の全容と結果は、www.danpink.com/surveyresults を参照。

ほぼすべての後悔は、深層レベルで四種類のいずれかに分類できる。それは、基盤に関わる後悔、勇気に関わる後悔、道徳に関わる後悔、つながりに関わる後悔である。こうした深層レベルの構造は、二つの調査プロジェクトの結果を分析してはじめて浮かび上がってきたものだ。そこから、人間の性質について、そしてよりよい人生への道筋について新たな発見を導き出すことができる。

PART3では、後悔というネガティブな感情を、あなたの人生をよりよいものにするためのポジティブな道具に変える方法を論じる。まず、ある種の後悔に関して、後悔を取り消したり、後悔に対する見方を変えたりすることによって、現在の状況を改善する方法を説明する。次に、後悔をきっかけに、未来の行動を改善するためのシンプルな三段階のプロセスを紹介する。

そして、自分が将来いだくかもしれない後悔を予測するテクニックについても論じる。この方法論を実践することにより、意思決定の質を高められる場合があるのだ。ただし、このアプローチは、よいことばかりではないという点も指摘する。

本書を読み終える頃には、最も誤解されている感情について新しい理解を得て、複雑な世界でみずからの可能性を開花させるためのテクニックを学び、人間の行動を突き動かす要素と、人生に生き甲斐をもたらす要素について深く知ることができるだろう。

フルートを質に入れたことを後悔しています。高校生の頃に愛用していたのですが、大学時代にお金が足りなくなり、質に入れて三〇ドル借りました。結局、フルートを取り戻すためのお金は用意できませんでした。音楽を始めた頃に母が一生懸命働いて買ってくれたもので、とても気に入っていました。自慢の財産でした。私にとってはただの「モノ」ではなく、母が注いでくれた愛情の象徴だったのです。

——四一歳女性、アラバマ州

慌てて結婚したことを後悔しています。もう三人も子どもがいるので、いまさら時間をさかのぼり、結婚生活をなかったことにするのは難しい。もし離婚すれば、子どもたちがばらばらになり、心に深い傷を負ってしまいます。

——三二歳男性、イスラエル

子どもの頃、近所のお店で**店主の目を盗んで、お菓子をよく万引きしました。**六〇年近く経ったいまでも、思い出すと胸が痛みます。

——七一歳女性、ニュージャージー州

第2章 後悔は人間を人間たらしめるもの

私たちが「後悔」と呼んでいる感情、その正体はなんなのか。
それはすぐに気づく感情である半面、定義することは驚くほど難しい。これまで科学者や神学者、詩人、医師など、さまざまな分野の専門家たちがその定義を試みてきた。
心理療法の専門家は、「ある人がなんらかの行動を取ったり、行動を取らなかったりした結果、その人物が望まない状態が生じた場合にいだく不愉快な感情」と定義した。[1] 経営理論家は、「後悔は、意思決定者がほかの選択をしていた場合に生じたであろう結果と、現実に生じた結果を比較することにより生まれる」と述べた。[2] 哲学者は、後悔とは「過去を振り返って不愉快な感情をいだき、その事態を招いた原因を明らかにし、将来ある種の行動を取る意思を表明すること」と言っている。[3]
後悔を正確に定義することが難しく感じられるとすれば、それは非常に重要なことを物語っている。後悔は、ひとつの状態というより、プロセスと考えるべきなのである。

「タイムトラベル」と「ストーリーテリング」

人が後悔を感じるプロセスは、人間の精神だけに備わっている二種類の能力とともに始まる。ひとつは、脳内で過去と未来を訪ねる能力、そしてもうひとつは、実際に起きていないことをストーリーとして語る能力である。私たち人間は、熟練のタイムトラベラーであり、有能なストーリーテラーでもあるのだ。この二つの能力が絡み合い、言ってみれば精神の二重らせん構造をつくり出し、それが後悔という感情に生命を吹き込んでいる。

たとえば、次のような後悔を打ち明けた人がいる。これは、「ワールド後悔サーベイ」に寄せられた何千もの体験談のひとつだ。

大学院の学位を取得すればよかったと思っています。当時の私は父親の願望を受け入れて、大学院を中退してしまったのです。学位を取得していれば、私の人生の軌跡は違うものになっていたでしょう。もっと満足感と充実感、そして達成感を味わえたはずです。

このバージニア州の五二歳の女性は、短い言葉のなかで素早く頭を回転させている。彼女は自分の現状に満足できず、脳内で過去に立ち戻った。何十年も前、まだ若かった頃に、学業と職業の進路を検討していた日々にタイムトラベルしたのだ。そして、実際に起きたこと（父親の望みに従ったこと）をなかったことにし、それとは別のシナリオを思い描いた。そのシナリオでは、父親の望みではなく自分の望みを尊重して大学院で学ぶことを決める。そのあと、再びタイムマシンに乗り、現在へ一足飛びで戻る。ただし、過去をつくり変えたので、今回経験する現在は、ほんの少し前にタイムマシンで過去へ旅立つ前とはまるで違うものになっている。この新しい世界では、満足感と充実感と達成感を味わえるのだ。

こうしたタイムトラベルとストーリーテリングの能力は、人間だけがもっている「超能力」と言ってもいいだろう。ほかの動物がこれほど複雑な活動をおこなうことは、とうてい想像できない。海を漂うクラゲが詩をつくったり、アライグマがフロアランプの配線をやり直したりできないのと同じことだ。

ところが、私たち人間は、この超能力をいとも簡単に活用できる。この能力は人間という存在に深く刻み込まれているのだ。その能力をもっていないのは、まだ脳が十分に発達していない幼い子どもと、病気や怪我により脳がダメージを受けている人だけだ。

たとえば、発達心理学者のロバート・グッテンタークとジェニファー・フェレルによる実験では、子どもたちに、あるストーリーを読み聞かせた。それはこんな物語だ。

ふたりの男の子、ボブとデーヴィッドは近所同士です。二人とも、毎朝自転車で通学しています。学校があるのは、池の反対側。学校に行くためには、池の左側を回ることもできるし、右側を回ることもできます。距離はどちらもまったく同じ。どちらかの道がデコボコしていて走りにくいということもありません。毎日、ボブは右側の道で学校に通い、デーヴィッドは左側の道で学校に通っています。

ある朝、ボブはいつもどおり、右側の道で学校に向かいました。ところが、夜の間に木の枝が道に落ちていました。自転車がその枝にひっかかり、ボブは自転車から投げ出されてしまいました。ボブは怪我をして、学校に遅刻しました。この日も、左側の道はいつもと同じように通ることができました。

同じ朝、デーヴィッドは、いつも左側の道を通っているのに、今日は右側の道を通ることにしました。そして、自転車が木の枝にひっかかり、自転車から投げ出されて怪我をし、学校に遅刻しました。

研究チームは、子どもたちに尋ねた。「この朝、右側の道を通ろうと決めたことを残念に感じているのは、どっちの子でしょう?」。それは、いつもその道を通っているボブなのか。それとも、その日に限ってその道を通ったデーヴィッドなのか。あるいは、二人とも感じ方は同じなのか。

この実験では、七歳の子どもたちは、「大人とほぼ同様に、後悔の感情について理解していた」という。七歳児の七六％は、デーヴィッドのほうが残念に感じていると答えたのだ。それに対し、五歳の子どもたちは、後悔という概念をあまり理解していないようだった。五歳児のおよそ四人に三人は、ボブもデーヴィッドも同じように感じているだろうと答えたのである。[4]

後悔を感じるためには、脳内のブランコを上手に漕いで、過去と現在、そして現実と想像の間を行き来できなくてはならない。幼い子どもがそのために必要な脳の力を身につけるまでには、数年を要する。[5] そのため、ほとんどの子どもは、六歳くらいまで後悔を理解できない。[6]

ところが、八歳くらいになると、自分が将来いだく後悔も前もって予測できるようになる。[7] こうして、思春期になる頃には、後悔を感じるために必要な思考のスキルが完全に発達する。[8] 後悔をいだくことは、健全で成熟した精神をもっていることの証なのだ。

後悔は、人間の発達と密接な関係があり、人間の脳が適切に機能するうえで欠かせない要素だ。大人になっても後悔を感じない場合は、深刻な問題が潜んでいる可能性がある。認知科学者たちによる二〇〇四年の重要な研究がその点を明らかにしている。

その研究では、実験参加者たちにシンプルな賭けのゲームをプレーさせた。コンピュータを使ったルーレット風のゲームである。プレーヤーは、二つのルーレットのいずれかを選ぶ。そして、ルーレットのどの場所に矢が止まるかによって、お金を受け取るか、お金を失うかが決まる。

賭けに負けてお金を失った実験参加者は、残念に感じた。この点は意外でない。しかし、お金を失ったあと、もうひとつのルーレットを選んでいれば、賭けに勝ってお金を手にできていたと知った人たちは、いっそう残念に感じた。この人たちは後悔を感じたのである。

ところが、別の選択肢を選んでいればもっとよい結果になっていたと知っても、残念な思いがとくに強まらない人たちがいた。それは、脳の眼窩前頭皮質と呼ばれる部位が損傷している人たちである。「（この人たちは）後悔をまったく感じないように見える」と、この実験をおこなったナタリー・カミーユらはサイエンス誌に寄稿した論文で記している。

つまり、後悔を感じないこと——それはある意味で「後悔しない」主義が理想とする状態なのだが——は強みではないのだ。それは、脳が損傷している証拠なのかもしれない。「後悔という概念が理解できないのである」[9]

神経科学の研究によると、同様の傾向は、ほかの脳の病気でも見られる。いくつかの研究では、実験参加者に、たとえば次のような直接的な問いを投げかけた。

マリアは、ひいきにしているレストランで食事をしたあと、体の具合が悪くなった。アナは、はじめて行くレストランで食事をしたあと具合が悪くなった。二人のうち、よりたいていの人は、アナのほうが深く後悔するとすぐに答える。しかし、遺伝性の神経変性疾患であるハンチントン病の人は、この点を当然とは考えない。問いの答えを推測しようとする。その結果として、大半の人たちと同じ答えに行き着く確率は、あてずっぽうで答えた場合と変わらない[10]。この点は、パーキンソン病の人も同様だ。あなたがおそらく一瞬で直感的に到達するのと同じ結論にいたらないケースが少なくないのである[11]。

こうした傾向は、統合失調症患者の場合、とくに際立っている。この病気を患っている人は、ここまで述べてきたような思考がうまくできず、論理的推論を十分におこなえないため、後悔の感情を理解したり、経験したりすることが難しい[12]。

後悔する能力の欠如はさまざまな精神・神経系の病気の主たる特徴と位置づけられており、医師たちはそれをより深刻な問題を発見するための判断材料に用いている[13]。後悔しないことは、精神的健康の鑑(かがみ)とはとうてい言えないのだ。むしろ、深刻な病気が潜んでいる場合が少なくない。

ここまで述べてきたように、後悔のプロセスを牽引するのは、時間旅行をする能力と、過去の出来事を書き換える能力だが、そのプロセスが完了するまでには、さらに二つのステップを経なくてはならない。その二つのステップが後悔とほかのネガティブな感情の違いを生む。
ひとつ目は、比較するステップだ。前出のバージニア州の女性に話を戻そう。父親の望みに従うのではなく、みずからの望みどおりに大学院で学べばよかったと考えている女性だ。もし、この女性がいま悲惨な状態にあるだけであれば、後悔の感情は生まれない。この場合、女性がいだく感情は、悲しみだったり、憂鬱だったり、絶望だったりする。その感情が後悔に転じるのは、タイムマシンに乗って過去に戻り、そのとき別の行動を取っていた場合に実現したと思われる結果と、現在の悲惨な状況を比較したときだ。
もうひとつは、その状況が誰の責任なのかを分析するステップである。人はたいてい、他人の行動ではなく、自分の行動を後悔する。ある有力な研究によると、人々がいだく後悔の約九五%は、外的環境ではなく、自分がコントロールできる状況に関わるものだ。[14]
バージニア州の女性は、現実の不満足な状況と、想像した別のシナリオを比較し、不満を感じている。それは後悔をいだくうえで不可欠なステップだが、それだけでは後悔は生まれない。この女性が後悔の領域に完全に足を踏み入れるにいたった決め手は、別のシナリオが実現しなかった理由にある。いまこの女性が苦しんでいる原因は、過去の自分自身の選択と行動にあるのだ。この点こそ、落胆など、ほかのネガティブな感情と後悔の決定的な違いだ。さまざまなネガティブな感情のなかで、後悔がとりわけ人を激しく苛(さいな)む理由もここにある。

たとえば、地元のプロバスケットボールチームであるワシントン・ウィザーズがNBAの優勝決定戦で敗れれば、私は落胆するかもしれない。しかし、私はチームの監督ではないし、ましてや選手としてプレーしているわけでもない。チームの勝敗に責任があるわけではないので、後悔することはありえない。ふてくされて、あとは来シーズンの開幕を待つだけだ。

この点に関しては、後悔について精力的に研究している元ミシガン大学のジャネット・ランドマンがわかりやすい例を挙げている。ある子どもの乳歯が抜けた。その子は寝る前に、抜けた歯を枕の下に入れた。そうすれば「歯の妖精」が夜中にこっそり、抜けた歯をプレゼントと交換してくれるという言い伝えを信じていたからだ。ところが、次の朝に目を覚ますと、抜けた歯がそのままの場所にあり、プレゼントは置かれていなかった。その子はがっかりするだろうが、後悔はしない。「後悔するのは、（プレゼントを置くことを）うっかり忘れた親だ」と、ランドマンは述べている。[15]

こうして、ほかの動物がもっていない二つの能力を土台に、ほかのネガティブな感情とは異なる二つのステップを経ることにより、人間しか経験しない、ほかの感情とはまったく異なるつらい感情が生まれるのである。

このように説明すると、いかにも複雑なプロセスのように思えるかもしれないが、この感情は、ほとんど意識することなく、まったくと言っていいほど労力を払うことなしに生まれる。後悔を感じることは、人間の本質の一部なのである。オランダ人研究者のマルセル・ズィーレンベルグとリック・ピーテルスの言葉を借りれば、「人間の認知的な仕組みは、後悔を感じるようにできている」のだ[16]。

後悔は人生の本質的要素

人間にはこうした認知的な仕組みが備わっているために、後悔すべきでないとしきりに説かれているにもかかわらず、人が後悔の感情をいだくことは非常に多い。「アメリカ後悔プロジェクト」では四四八九人に対して、あえて「後悔」という言葉を用いずに、次のように尋ねた。「自分の人生を振り返り、違う行動を取ればよかったと思うことは、どれくらいの頻度でありますか」。その回答は、実に多くのことを物語っている。

そのように思うことはまったくないと答えた人は、わずか一％、めったにないと答えた人も一七％に満たなかった。一方、しばしばそう思う、いつもそう思っていると答えた人を合わせると、約四三％に上った。ときどきそう思うと答えた人も含めれば、なんと八二％が後悔を感じている。この割合は、デンタルフロスをおこなっているアメリカ人の割合を大きく上回る[17]。

この発見は、過去四〇年間の科学的研究とも合致している。社会科学者のスーザン・シ

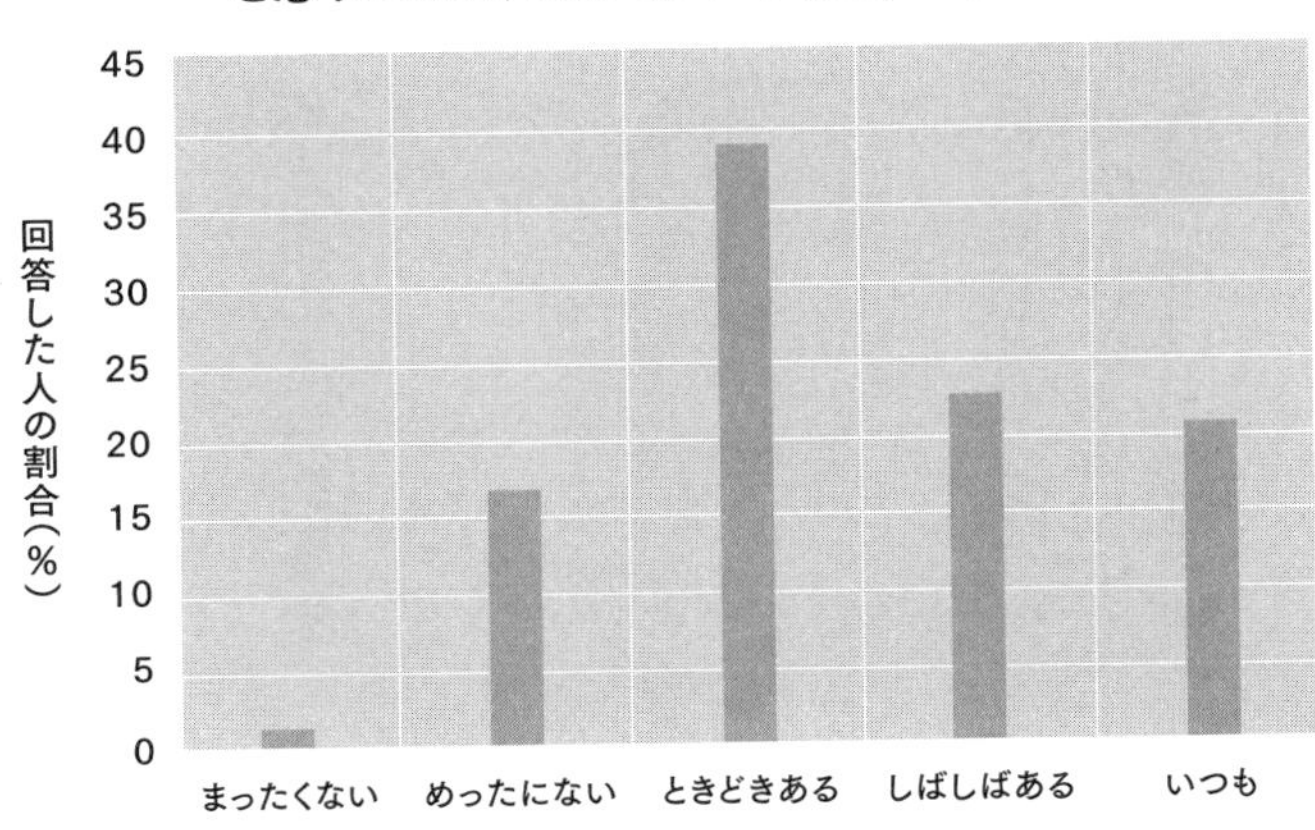

出典：Pink, Daniel, et al., American Regret Project (2021).

マノフは一九八四年、大学の学部学生と既婚カップルを集めて、その人たちの日々の会話を記録した。そして、その内容を分析して、なんらかの感情を表現もしくは描写している言葉を洗い出し、実験参加者たちがとりわけ頻繁に言及していた感情（ポジティブな感情とネガティブな感情の両方）をリストアップした。

幸福感、興奮、怒り、驚き、嫉妬などの感情は、すべてトップ二〇に含まれていた。しかし、ネガティブな感情のなかで最も頻繁に言及されていて、すべての感情のなかでも二番目に頻繁に言及されていた感情は、後悔だった。ちなみに、それよりも頻繁に言及されていた唯一の感情は愛である。[18]

社会心理学者のコリーン・サフリー、エイミー・サマーヴィル、ニール・ローズは、二〇〇八年の研究で、さまざまなネガティブな感情が人々の生活のなかでどの程度見られるかを調べた。この研究では、実験参加者たちに九種類のネガティブな感情のリストを示した。怒り、不安、退屈、落胆、恐怖、罪悪感、嫉妬、後悔、悲しみである。そして、これらの感情が日々の生活のなかでどのような役割を果たしているかを尋ねた。

すると、実験参加者たちが最も頻繁に感じていると答えた感情は後悔だった。また、最も重要だと思うと答えた感情も後悔だった。[19]

その後、世界のさまざまな国を舞台にした研究で同様の結果が得られている。二〇一六年にスウェーデンでおこなわれた研究では、一〇〇〇人以上の人たちの選択と行動を追跡調査した。すると、その人たちは、調査に回答する前の一週間にくだした決定の約三〇%を後悔していた。[20]

別のある研究は、数百人のアメリカ人の経験と態度を調べている。この研究については第5章で詳しく紹介するが、それによると、後悔は人生のあらゆる局面で非常によく見られる感情だという。「(後悔は)人生の本質的要素である」と、この研究をおこなった研究者たちは結論づけている。[21]

後悔の感情がいたるところで見られることを否定する研究には、私はまだお目にかかったことがない(私は後悔に関する研究をかなり徹底的に調べた。その点は信じてもらっていい)。あらゆる分野の研究者たちがさまざまな角度から、さまざまな方法論を用いてこのテーマに取り組み、まったく同じ結論に到達している。ある論文の表現を借りれば、「生きるとは、少なくともある程度の後悔を重ねることであるように思える」というのだ。[22]

＊＊＊

ミシェル・メイヨーは五〇歳になろうとしていたとき、タトゥーを入れたいと思い立った。人生の節目を記念して、自分の信念を反映したものにしたいと考えた。どのようなタトゥーにするか思いを巡らせるうちに、子どもの頃のことを思い出した。父親はアメリカ人の陸軍将校、母親はフランス人。子ども時代は、父親の駐屯先であるドイツで過ごした。休日にはよく家族で車に乗り、フランスの田舎に住む祖母を訪ねたものだ。ドライブ中には、姉妹と母親と一緒に、母親の好きな歌をよく大声で歌った。

二〇一七年、メイヨーは自分への早めの誕生プレゼントとして、近くのマサチューセッツ州セーラムに足を運び、右の手首に次の写真のようなタトゥーを入れた。これは、「後悔なんてしない」という意味のフランス語だ。

メイヨーの母親は、エディット・ピアフのファンだった。大昔に家族でドライブに出かけたときに、みんなで歌ったピアフの歌の一節は、メイヨーが大人になるまで頭の中に染みついていた。その歌詞は「私の生き方と、人生に対する感じ方」を象徴していると、メイヨーは私に語った。後悔を感じることはない、とのことだった。
けれども、そう語ったあと、ほかの多くの人と同じように、これまでに自分が犯した失敗や誤った選択について打ち明けた。メイヨーもやはり、脳内でタイムマシンに乗って過去に戻り、過去の出来事を書き換え、現在の状況と、それとは別のシナリオを比較して、いまの状況を生じさせた責任が自分にあると考えていたのだ。

しかし、メイヨーにとって、このような思考プロセスの末に行き着く憂鬱な感情——多くの人が避けようとするネガティブな感情だ——は、これまでの人生で大きな価値をもってきた。「やらなければよかったと思うものごとを通じて、将来どのような行動を取るべきかを知ることができます。……失敗も学習の機会にしたいと考えています」と、メイヨーは述べている。「この世を去る直前にも、同じように言えればいいのですが」

Photo credit: Kathleen Basile

　手首に刻まれた言葉は、こうした思いを日々再認識させてくれる。しかし、メイヨーは、この言葉を有名にした歌手の生涯にも興味をもっている。「ピアフが困窮して死んでいったことをご存じでしたか」と、私に語った。「ピアフのことを考えると、こう思わずにいられません。人生の最後の瞬間に、本当にまったく後悔を感じなかったのだろうか、とあなたがいま彼女をインタビューできればいいのに、と思います」

ビデオ会議のテクノロジーは目覚ましい進歩を遂げているが、さすがに私がピアフに話を聞く手立てはない。しかし、伝記作家やジャーナリストたちは、一九六三年一〇月一〇日にピアフがどのようなことを考えていたかを知る手掛かりをいくつも提供している。後世まで名を残すきっかけとなった曲をレコーディングしてから三年も経たないこの日、ベッドに横たわり、痛めつけられた四七歳の肉体から命がすり抜けていこうとしていたとき、こう述べたとされる。「人生で取った馬鹿げた行動は、すべてツケを払わされる」[23]

これが後悔をいだいていない人の言葉に聞こえるだろうか。

もし、ピアフが後悔の感情から逃げず、その感情にしっかり向き合っていれば、もっと重要な発見が得られただろう。「人生で取った馬鹿げた行動は、すべて好ましい結果につながられる」という結論に達したに違いない。後悔は、人間を人間たらしめているだけでなく、人間をよりよい人間にするのだ。次章以降では、この点について見ていこう。

これまでくだしてきた大きな決定は、ほぼことごとく後悔しています。重要な決断をするときは、決まって失敗してきた気がします。小さな決定は簡単なのですが。

――五五歳男性、ウェストバージニア州

夫が死の直前に入院したとき、ベッドの上で抱きしめてあげたかった。でも、そうしなかった。そのことを悔やんでいます。

――七二歳女性、フロリダ州

ほかの人たちがどう思うかなんて、気に病まなければよかったと思っています。でも、いまもなかなかうまくいきません。

――三三歳男性、日本

第3章 「せめてもの幸いは……」と「もし〜していれば……」

二〇一六年のリオデジャネイロ夏季五輪で実施された三〇六種目のなかで、とりわけ過酷だったもののひとつが自転車の女子ロードレースだ。コースは、市街地と国立公園を通過する一三六・九キロ。数カ所の急な上り坂、一カ所の危険な下り坂、そして延々と続く玉石舗装の道路を走り抜けなくてはならない。

八月七日の一二時一五分、レースのスタートを告げる黄色い旗が振られると、六八人のトップ選手たちがコパカバーナ・ビーチ沿いの道に走り出していった。いざ、金メダルの栄光を目指して。

レースは、前評判どおり過酷なものになった。スタート時の気温は二〇度台前半で、湿度は七五%。強い日差しがときおり雲間から差し込み、道路を焦がした。しかし、レースが進むと日差しが弱まり、小雨が路面を濡らしはじめた。ひとりの選手が激しく転倒してレースを続行できなくなり、ほかにも多くの選手が消耗して途中棄権した。

スタートから四時間近くが経過し、残り三キロという段階で、先頭を走っていたのはアメリカのマーラ・アボット。二番手グループの三人の選手には二五秒差をつけていた。

「(アボットの)金メダル獲得はほぼ確実です」と、テレビの実況中継で解説者のロシェル・ギルモアは言った。

しかし、アボットは、短距離でのスピードよりも、上り坂を乗り切る能力に長けた選手。ゴールまでリードを保つことができなかった。残りわずか一五〇メートル、言い換えればレースが九九・九%終わったところで、二番手グループの三人の選手に追い抜かれた。三人は一団になって、懸命にゴールラインを目指した。

最終的に、オランダのアンナ・ファンデルブレーヘンが車輪ひとつ分という僅差で、スウェーデンのエマ・ヨハンソンを制して勝利を収めた。三着には、イタリアのエリザ・ロンゴボルギーニが入った。この三人の選手はすべて事前の期待を上回る成績を挙げ、五輪のメダルを獲得した。

三人の表情を思い浮かべてみてほしい。

そう、三選手の顔にあらわれた表情である。三人がどのような感情をいだいていたかを想像してみよう。長年にわたるトレーニングの日々と、四時間近い過酷なレースを耐えたのちに、アスリートとしての究極の栄誉を手にしたとき、どのような感情が湧いてくるだろうか。

一八七二年にチャールズ・ダーウィンが著書『人間及び動物の表情』（邦訳・改造社）を発表して以来、科学者たちは、人間の感情がどのように表情にあらわれるかを明らかにしようとしてきた。私たちはしばしば、自分の感情を隠そうとする。誇らしい気持ちのときに謙虚に振る舞ったり、気落ちしているときに強気を装ったりするのだ。それでも、表情は正直だ。表情には、内面の本当の感情があらわれる場合がある。

この自転車女子ロードレースのあとにおこなわれた表彰式で三人のメダリストが見せた表情には、それぞれがいだいていた感情がはっきり見て取れた。写真家のティム・ドワールが撮影した写真を見てみよう。

まず、笑顔を浮かべる金メダリスト。

次は、同じくらいうれしそうな銀メダリスト。

そして最後は、満足感はあるけれど、大喜びとは言い難い銅メダリスト。

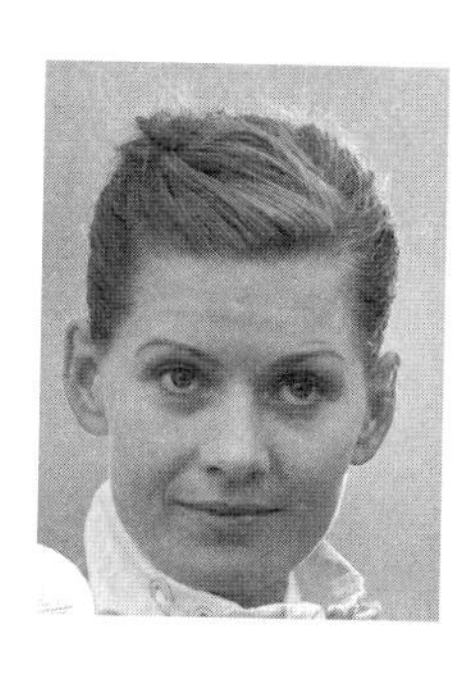

世界トップクラスのスポーツ選手も、感情と無縁ではない。五輪の表彰式という競技人

生における記念すべき場面で、どのような感情をいだいているかは明白だった。銅メダリストより銀メダリスト、銀メダリストより金メダリストがハッピーな気持ちでいるのだ。

表情は嘘をつかない。

でも、物書きはときに嘘をつく。申し訳ない。私もいままで読者のみなさんに嘘をついてきた。

ドワールが撮影した表彰式の写真の全容は、次のとおりだ。

Photo credit: Tim de Waele, Getty Images

中央でほほ笑んでいるのは、確かに金メダルを獲得したアンナ・ファンデルブレーヘンだ。けれども、その左隣（向かって右隣）で幸せそうな表情を浮かべているのは、三位だったエリザ・ロンゴボルギーニ。そして、三人のなかで最も冴えない表情なのは、銀メダリストのエマ・ヨハンソンだ。

三人のなかでいちばん成績が悪かった人物（ロンゴボルギーニ）は、自分より成績のよかった人物のひとり（ヨハンソン）よりうれしそうに見える。レース後のヨハンソンが笑顔を浮かべている写真も残っていることは指摘しておかなくてはならないが、ここで紹介した写真に切り取られた場面が例外だったわけではない。

レースでゴールした直後の選手たちの反応を見れば、その点はよくわかる。金メダリストのファンデルブレーヘンは、両手を高く掲げて勝利の喜びを表現した。銅メダリストのロンゴボルギーニは、見えない誰かとハイタッチを交わすような仕草を見せた。一方、銀メダリストのヨハンソンは、両手で顔を覆った。

こうした対照的な感情は、ヨハンソンが期待はずれの結果だったことが原因ではない。レース前の時点では、ヨハンソンの世界ランキングはロンゴボルギーニより下で、ロンゴボルギーニを抑えて二位に入ったのは予想を上回る結果だった。

三人の五輪メダリストたちの表情は、四半世紀以上前に行動科学者たちが発見した現象の一例と言える。その現象に着目することにより、後悔という感情を理解する手掛かりがもうひとつ見えてくる。

敗者の歓喜と勝者の苦悩

私たちは、第2章で論じた人間の「超能力」、すなわち脳内でタイムトラベルをおこなう能力と、実際には起きなかった出来事と結果を思い描く能力をもっているために、論理学者が言うところの「反実仮想」を実践できる。事実に反することを想像できるのだ。「反実仮想をおこなえることは……思考と感情が交差する領域で想像力をはたらかせ、新しいものごとをつくり出す能力をもっていることのわかりやすい例と言える」と、このテーマの権威であるノースウェスタン大学のニール・ローズとフローニンゲン大学（オランダ）のカイ・エプステュッドは述べている。[1] 反実仮想の能力をもっていれば、「〜〜だったかもしれない」を想像することが可能になるのだ。

やはり五輪を舞台に、反実仮想の影響力をくっきり浮き彫りにした研究がある。コーネル大学のヴィクトリア・メドヴェクとトーマス・ギロヴィッチ、トレド大学（オハイオ州）のスコット・マデイによる有名な研究は、一九九二年のバルセロナ夏季五輪を題材にしたものだ。具体的には、四〇人あまりの銀メダリストと銅メダリストの動画を入手し、実験参加者たちに見せた。実験参加者たちは、スポーツにあまり詳しくなく、五輪にもほとん

五輪メダリストの苦悩－恍惚度

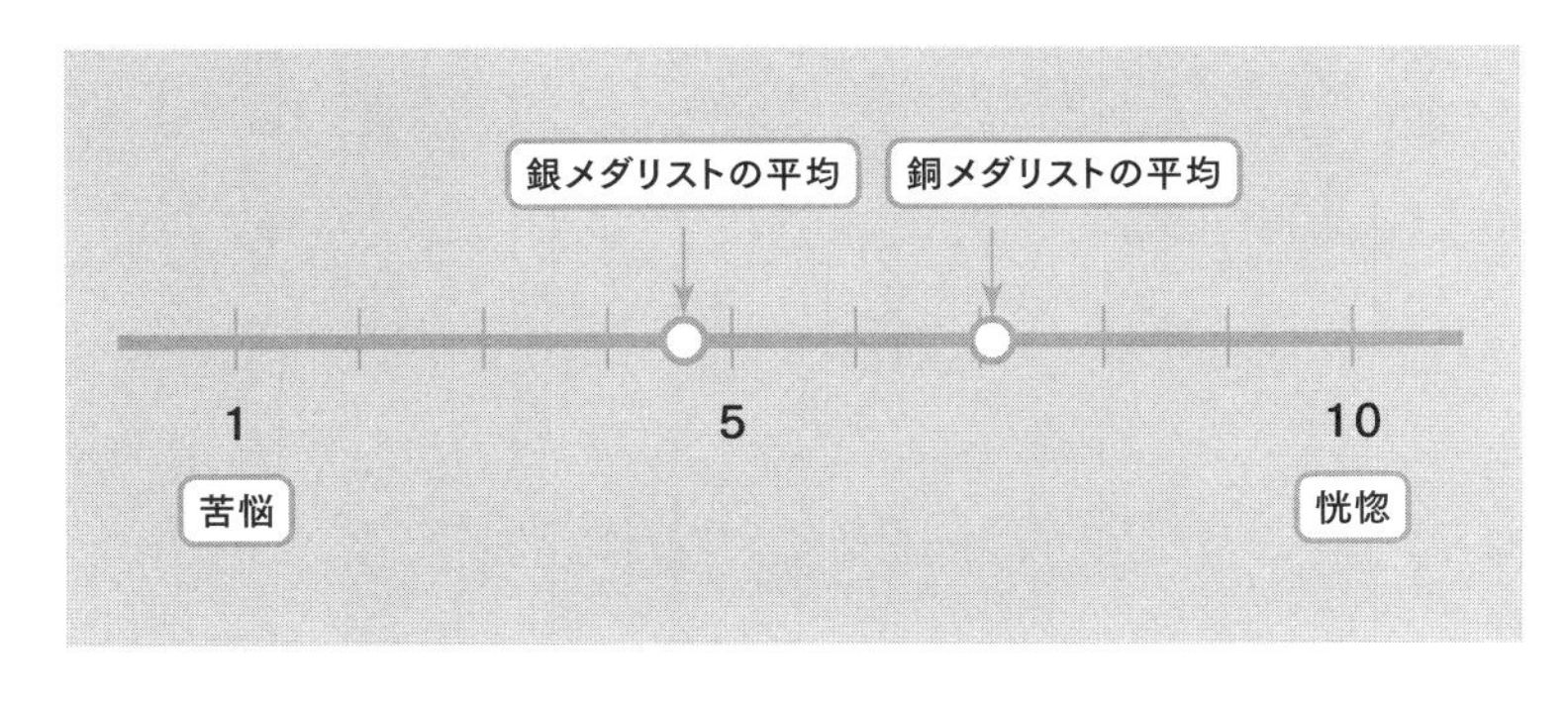

出典：Medvec, Victoria Husted, Scott F. Madey, and Thomas Gilovich. "When less is more: counterfactual thinking and satisfaction among Olympic Medalists." *Journal of Personality and Social Psychology* 69, no. 4 (1995): 603.

ど関心を払っていなかった人たちだ。

実験参加者たちに見せたのは、選手たちの競技中の様子ではない。競技終了直後と表彰式での様子を見せた（ただし、競技の結果は教えない）。そして、選手の表情の「苦悩－恍惚度」を一〇段階で評価させた。

実験参加者の評価によると、銅メダリストたちは、銀メダリストたちよりかなり幸せそうに見えた。銅メダリストたちの表情の平均スコアは7・1。それに対し、銀メダリストたちの表情は、世界最高峰の競技会で二位になった直後にもかかわらず、幸せでも不幸せでもないように見えた。というより、平均スコアは、どちらかと言うとやや不幸せ寄りの4・8だった。

このような結果をもたらした要因は、研究者たちによれば、反実仮想だという。

反実仮想には、二つのパターンがある。「下方の反実仮想」と「上方の反実仮想」だ。

下方の反実仮想は、実際よりもっとひどい結果になっていた可能性を思い描く。その結果、「せめてもの幸いは……」という意識になりやすい。たとえば、「テストの結果はC＋だったけれど、せめてもの幸いは、不合格ではなかったこと。再履修はせずに済む」といった具合だ。こうした反実仮想を「せめてもの幸いは……」思考と呼ぶことにしよう。

一方、上方の反実仮想は、実際よりもっとよい結果になっていた可能性を思い描く。その結果、「もし〜していれば……」という意識になりやすい。たとえば、「もしもっと授業に出席して、課題図書をもっと読んでいれば、テストでもっとよい成績を取れただろう」と考える。こうした反実仮想を「もし〜していれば……」思考と呼ぶことにしよう。

研究者たちが競技後のインタビューを検討すると、銅メダリストたちは、満足げに「せめてもの幸いは……」的なことを述べている場合が多かった。「少なくとも四位以下ではなかった。なにはともあれメダルが取れたことは、せめてもの幸いだった」という具合だ。

対照的に、銀メダリストたちは、「もし〜していれば……」と考える場合が多かった。そうした思いは、選手たちの精神を苦しめる。「二位の選手は、あと一歩で金メダルを獲得し、社会的名声と金銭的恩恵に浴せるところだった」と、メドヴェクらは記している。「そのため、喜びを感じるとしても、その感情はしばしば、激しい無念の気持ちによって割り引かれてしまう。もっと大きなストライドでゴールラインを踏んでいれば、息継ぎのタイミングをもっとうまく調整できていれば、もっとつま先をピンと伸ばして演技していれば、もっとよい成績を残せたのではないかと思わずにいられないのだ」[2]

成績がよかった選手のほうが気落ちするという指摘は、非常に刺激的なものだ。この興味深い発見は、さまざまなメディアで取り上げられ、ソーシャルメディアでも大きな話題を呼んだ。

この一〇年ほど、社会科学はいわゆる「再現性の危機」に悩まされてきた。[3] 社会科学の研究結果、とくに意外性があってニュースになるような研究結果は、細かく点検すると説得力を欠く場合が多いとわかったのだ。ほかの研究者が再現実験をおこなっても、同じような魅力的な結果が得られず、研究結果の妥当性に疑問が投げかけられるケースがしばしばあった。

しかし、メドヴェクとギロヴィッチとマデイの研究は違う。この実験の結果は、いくつもの研究により再現されてきた。再現実験の再現まで成功している。

たとえば、サンフランシスコ州立大学のデーヴィッド・マツモトは、二〇〇四年のアテネ夏季五輪で実施された男子と女子の柔道競技の写真を約二万一〇〇〇点集めた。そのなかには、三五カ国の八四人の選手の写真が含まれていた。

それらの写真を検討すると、獲得したメダルによる表情の違いは際立っていた。国籍や民族に関係なく、ひとつの傾向が見られたのだ。表彰台に立っているとき、金メダリストたちはたいてい満面の笑みを浮かべていた（「デュシェンヌ・スマイル」と呼ばれる正真正銘の笑顔だ）。大半の銅メダリストも同様だった。では、銀メダリストたちはどうだったか。金メダリストや銅メダリストほどの満面の笑みとは言えなかった。ほかの二人のメダリストに比べて、四分の一程度の笑みにとどまっていたのである。[4]

ミネソタ大学のウィリアム・ヘッジコックとアイオワ大学のアンドレア・ルアンラス、ラエリン・ウェブスターは二〇二〇年に、五輪の五大会で一四二種目に出場した六七カ国の四一三人の選手たちの写真を集めた研究をおこなった。この実験では、人間が選手たちの表情を判読するのではなく、表情を自動的に読み解くソフトウェア「エモティエント」を用いた。このソフトウェアを利用することにより、より迅速に、より多くの選手の表情を、人間の判読者のバイアスを排除して評価することが可能になった。

この研究でも、それまでの研究と同様の結果が得られた。最も笑顔だったのは金メダリストたちだったが、銅メダリストたちは銀メダリストたちよりも笑顔だった。「客観的に見ると好ましい結果だった人たちのほうが、気持ちが晴れなかったのである」と、ヘッジコックらは記している。[5]

私は、二〇一六年リオデジャネイロ夏季五輪の自転車女子ロードレースの映像を何度か見返してみた。レース直後の選手たちの様子には、「せめてもの幸いは……」の安堵と、「もし〜〜していれば……」の痛みがはっきり見て取れる。

銅メダリストのロンゴボルギーニは、喜びを爆発させていたように見える。勢いよく自転車から飛び降りると、友人や家族たちの元に歩み寄り、ひとりひとりと抱き合った。「エリザ・ロンゴボルギーニは、五輪でのメダル獲得にとても喜んでいます!」と、実況中継のアナウンサーは述べた。

一方、銀メダリストのヨハンソンは、感情を見せることなく、夫と軽く抱き合っただけだった。実況中継では、アナウンサーたちによる上方の反実仮想が披露された。「ゴールがあと五〇メートル、あるいは一〇〇メートル先だったら、トップで入線していたかもしれません」。実況中継によれば、ヨハンソンは「複雑な感情」をいだいているだろうとのことだった。「これで二度目の五輪銀メダル獲得です」

ヨハンソンは、二〇〇八年夏季五輪でもやはり銀メダルを獲得していた(二〇一二年は怪我で不出場)。ほかのいくつかのレースでも二位で終わっていて、自転車競技の世界では(本人はけっして受け入れなかったが)「シルバー・エマ」という異名を取っていた。「今度も『シルバー・エマ』でしたね」と、ヨハンソンの母親は競技後にスウェーデンのテレビ局に語った。「満足はしていると思うけれど、欲しかったのは金メダルでした」[6]

ヨハンソンは、「もし〜〜していれば……」と思わずにいられなかっただろう。

痛みのパラドクスとパラドクスの痛み

「せめてもの幸いは……」と考えれば、私たちはいくらか気分がよくなる。「少なくとも五輪でメダルを獲得できた。最後の最後で抜かれて表彰台を逃したアメリカの選手よりはよい結果だった」とか、「希望していた昇進はかなわなかったけれど、クビにならずに済んだのはせめてもの幸いだった」などと考えることにより、自分を慰めることができる。

それに対し、「もし〜〜していれば……」と考えると、気持ちが沈む。「ラストスパートをあと二秒早く始めていれば、金メダルが取れただろう」とか、「あといくつか難しい業務を引き受けていれば、昇進できただろう」などと考えれば、傷心と苦悩をいだかずにいられない。

そうなると当然、私たちは、「もし〜〜していれば……」の冷たい世界より、「せめてもの幸いは……」の温かい世界を好みそうなものだ。人間には、快楽を追求し、苦痛を避けようとする性質が備わっているからだ。誰だってイモムシのスムージーよりチョコレート味のカップケーキのほうが好きだし、税務調査に対応するよりパートナーとセックスするほうが好きだ。

ところが、私たちが実際に示す反応は違う。人は、ロンゴボルギーニのような歓喜の感情より、ヨハンソンのような失意の感情を経験することのほうが多い。

　ある研究では、実験参加者たちに日記を書かせたり、ランダムなタイミングでメールを送り、そのとき感じていることを回答させたりして、その人たちの思考を調べた。すると、人々が「もし〜〜していれば……」と感じる機会は、「せめてもの幸いは……」と感じる機会より多いことがわかった。しかも、その差は往々にしてきわめて大きい。[7]ある研究によると、人々がいだく反実仮想の八〇％は、「もし〜〜していれば……」というタイプのものだ。別の研究によると、その割合は八〇％をさらに上回るという。[8]

　この傾向の大きな例外は、惨事を回避できた人たちだ。旅行先で激しい津波を目撃したが、みずからは被災を免れた観光客たちを数カ月後に調査した研究によると、「せめてもの幸いは……」と感じていた人が「もし〜〜していれば……」と感じていた人の一〇倍に上った。多くの人は、自然災害を間近で目撃したことで傷つくのではなく、生き延びられて幸運だったと感じるのだ。[9]この人たちの経験は、ある意味で五輪の銅メダリストに通じるものがある。銅メダリストたちは、自然災害のように命に関わるものではないにせよ、メダルなしで大会を終えるという悲劇を回避できたと感じるのだろう。

　しかし、日常のありふれた状況では、反実仮想で「もし〜〜していれば……」と思うケースのほうがはるかに多い。人間の脳と精神は、そのようにできているのだ。

　反実仮想に関して二〇年間積み重ねられてきた研究が浮き彫りにしているのは、非常に奇妙な現象だ。私たちは、気分がよくなるような過去の振り返り方をするケースはきわめて稀なのに対し、気持ちが沈むような過去の振り返り方をするケースは著しく多いのである。私たちはみな、自分を痛めつけるマゾヒストなのか。

いや、そんなことはない。少なくとも、すべての人がマゾヒストというわけではない。多くの人がこのような傾向を示すのは、人間には生き延びるために行動する性質が備わっているからだ。「せめてもの幸いは……」思考を実践すると、その時点で気分が沈むことは避けられるが、将来の意思決定や行動の質が改善されることは考えづらい。逆に、「もし〜〜していれば……」思考を実践すると、そのときの気分は沈むが、のちの人生をよりよいものにできる可能性がある。その意義は非常に大きい。

後悔は、現実よりも好ましい結果を想像する上方の反実仮想の典型だ。究極の「もし〜〜していれば……」思考なのである。

研究により明らかになってきたように、後悔という感情がもつ力の源泉は、それが苦痛と快楽に関する通常の損得の計算に反する点にある。[10] この感情の役割は、まさしく人を気落ちさせることにあるのだ。いま気分が沈むことにより、将来好ましい行動を取る後押しがされるのである。

自分がメキシコ系であることを恥じていたことを後悔しています。私は肌の色があまり濃くないので、肌の色が濃い家族と会わせない限り、私がメキシコ系だと気づかない人も多かったのです。いまは、自分の人種とルーツを受け入れています。もっと早くそう思えなかったことを恥ずかしく感じています。

——五〇歳女性、カリフォルニア州

七年間付き合ったボーイフレンドと別れないまま、ほかの男性と浮気したことを後悔しています。しかも、そのあと、ボーイフレンドとやり直そうという話になったのに、また浮気してしまいました。

——二九歳女性、アリゾナ州

五二年間の人生でいちばん後悔しているのは、いつも恐怖を感じながら生きてきたことです。失敗したり、間抜けだと思われたりすることを恐れてばかりいました。そのせいで、本当はやればよかったことの多くをやらないままになっています。

——五二歳男性、南アフリカ

第4章 後悔は人間をよりよい人間にする

すべてのものにはヒビがある。光はそこから差し込んでくる。
――レナード・コーエン（一九九二年）

あなたも、「穴の第一法則」を聞いたことがあるかもしれない。「穴に落ちたときは、穴をそれ以上深く掘ってはならない」というものだ。しかし、あなたはこの「法則」どおりに行動しなかった経験があるのではないか。

人はしばしば、よくない選択をしたあと、それによるダメージに歯止めをかけて、戦術を転換するのではなく、うまくいっていない活動に時間と資金と労力をますますつぎ込んで、状況をさらに悪化させてしまう。すでに莫大な資金を費やしたという理由で、まったく期待のもてないプロジェクトに資金を追加投入したり、すでに数年間関係を続けてきたという理由で、修復不可能な人間関係を立て直すためにさらに労力を費やしたりするのだ。こうした心理的現象は、「コミットメント・エスカレーション」と呼ばれている。これは、私たちの意思決定の質を下げる認知バイアスのひとつだ。

このバイアスを回避するには、後悔の感情が役に立つ。現在ロンドン・ビジネス・スクールに在籍しているジリアン・クーの研究によれば、人々に過去のコミットメント・エスカレーションを思い出させ、それを後悔するよう促すと、同じ過ちを繰り返す確率を下げることができるという。[1]「もし〜〜していれば……」という不愉快な感情を引き出すことが、その後の行動を改善する効果をもったのだ。

後悔がもたらす3つの大きな恩恵

コミットメント・エスカレーションのような認知バイアスの緩和は、後悔という不愉快な感情が私たちの行動を改善するパターンのひとつにすぎない。研究によると、後悔の感情に適切に対処すれば、三つの大きな恩恵が得られる。その三つの恩恵とは、1意思決定の質が改善すること、2課題に対するパフォーマンスが向上すること、3人生の充実感が高まることである。

1　意思決定の質が改善する

次の設例を考えてみてほしい。

新型コロナのパンデミックの最中に、あなたは新しい趣味としてギターを始めたいと思い立ち、ギターを衝動買いした。ところが、実際にはろくに弾いていない。狭いアパートに置いておくのも邪魔になってきた。このギターを売れば、いくらかお金が手に入るだろう。そこで、ギターを手放すことにした。

幸い、隣人のマリアが中古のギターを探している。マリアはあなたに、いくらで売るつもりがあるかと尋ねた。

あなたは、そのギターを五〇〇ドルで購入していた（アコースティックギターだったのだ）。さすがに、中古で同じ値段は取れない。三〇〇ドルで売れればうれしいけれど、それでは高すぎるように思える。そう考えて、あなたは二二五ドルでどうかとマリアに言う。おそらく値引きを求められるだろうから、最終的に二〇〇ドルで話がまとまればいい、と考えたのだ。

ところが、マリアはあっさり二二五ドルで買い取ることに同意し、その金額を支払った。

さて、あなたは後悔を感じるだろうか。

おそらく、あなたは後悔するのではないか。実際、そのような反応を示す人が多い。中古ギターの売却以上に損得が大きい局面になると、この傾向はいっそう強まる。相手がこちらの最初の提案をあっさり飲んだ場合、私たちはたいてい、どうしてもっと強気に出なかったのかと、自分を責める。[2]

しかし、自分が後悔の気持ちをいだいていると認めることにより――つまり、不愉快な感情を追い払うのではなく、招き寄せることにより――その後の意思決定を改善できる可能性がある。

たとえば、現在コロンビア大学に在籍するアダム・ガリンスキーと三人の社会心理学者が二〇〇二年に実施した研究では、交渉で最初の提案が受け入れられた人たちを対象に調査をおこなった。その人たちに、もしもっと強気の提案をしていたら、どれくらい好ましい結果を得られていたと思うかと尋ねたのだ。すると、この問いに対して深い後悔を示した人ほど、その後の交渉に向けて時間をかけて準備する傾向が見られた。[3]

また、ガリンスキーがカリフォルニア大学バークレー校のローラ・クレイ、オハイオ大学のキース・マークマンとおこなった研究によれば、過去の交渉を振り返り、どのような行動を取らなかったことを後悔しているかを考えた人は、その後の交渉でよりよい意思決定ができるという。

しかも、意思決定の質が高まることの恩恵は、本人以外にも及ぶ。過去の交渉を後悔している人は、その後の交渉に臨むとき、交渉の「パイ」を大きくすることを通じて、自分の取り分を大きくしていたのだ。過去に取らなかった行動をじっくり考えることにより、次回以降の行動の選択肢が広がり、将来の交渉に臨む際のシナリオが得られるのである。[4]

いくつかの研究によると、最も大きな好影響は、いわば「意思決定の衛生環境」が向上し、健全な意思決定を妨げる要因が減ることだ。[5] 後悔の感情を深くいだくと、意思決定のプロセスが改善される。マイナスの感情がもたらす痛みにより、意思決定のペースが減速するからだ。それまでよりたくさんの情報を集めたり、幅広い選択肢を検討したりするようになり、結論を導き出すまでにじっくり時間をかけるようになる。より慎重に段階を踏むようになる結果、確証バイアスなどの認知上の落とし穴にはまりにくくなるのである。[6]ある研究でＣＥＯたちに過去の後悔について考えるよう促したところ、「将来の意思決定に好ましい影響が及ぶ」ことがわかった。[7]

後悔について真剣に研究した社会心理学者の草分けのひとりであるバリー・シュワルツによれば、この不愉快な感情は「いくつかの重要な機能を担っている」という。「後悔することを通じて、過去の意思決定で犯した失敗を強く印象づけられる結果、将来同様の状況に身を置いたとき、同じ過ちを繰り返さなくなる」[8]

こうしたパターンは、「ワールド後悔サーベイ」に寄せられた体験談でもしばしば見られる。ある人物は、遠い過去の経験についてこう記している。

娘が五歳のとき、怒鳴ったことがあります。学校に行く途中で、ヨーグルトをこぼして制服を汚したことが理由です。激しく叱責しました。そのことをずっと後悔しています。それあんな態度を取るべきではなかった。私は娘をすっかり脅(おび)えさせてしまいました。それも、たかだか制服の小さな汚れが原因で。それ以来、後悔し続けています。その後、あんなふうに怒鳴ったことは、二度とありません。私は失敗から学びました。でも、できることなら、あの日に戻ってやり直したいと思うのです。

この人物は、自分の過去の振る舞いをいまも悔やんでいる。それでも、その感情を生かしてその後の行動を改めて、けっして娘に怒鳴らなくなった。

後悔する能力は、大人が意思決定の質を高める役に立つだけでなく、子どもたちが合理的思考と意思決定の方法を身につける過程でも不可欠な役割を果たしているのかもしれない。

アイルランドの研究チームがいくつかの実験によって明らかにしたように、子どもの意思決定の能力は、後悔する能力が発達しはじめる七歳頃に、大幅に高まる。「後悔する能力がはぐくまれてくると、子どもたちは過去の経験から学習し、それに基づいてその後の選択を変えるようになる」と、その研究をおこなったイーマー・オコナー、テレサ・マコーミック、エイダン・フィーニーは記している。[9]

人間の認知的なメカニズムは、少なくとも部分的には、差し当たりの心の安らぎを得ることよりも、長く生き延びることを目的に設計されている。過去のお粗末な意思決定を後悔して悪い気分になる能力は、将来の意思決定を改善するために必要なものなのだ。

2 課題に対するパフォーマンスが向上する

「Clairvoyants smash egg pools（透視能力者は卵のプールを叩き壊す）」と言われても、なんのことかわからないだろう。

これは、「Psychologists love anagrams（心理学者はアナグラムがお好き）」という英語のアナグラムだ。この言葉のとおり、アナグラムは心理学研究の定番の素材と言ってもいい。実験参加者を部屋に集めて、いくつかの言葉やフレーズを示し、それを並べ替えて別の言葉やフレーズをつくるよう求める。このとき、実験参加者の心理状態、マインドセット、環境などの変数を操作し、それが並べ替え作業のパフォーマンスにどのような影響を及ぼすかを調べるのだ。

たとえば、キース・マークマン（前出の交渉に関する研究をおこなった研究者のひとりだ）が二人の共同研究者とおこなった研究でも、アナグラムを用いた。実験参加者たちに一〇問のアナグラムを解かせ、正答率が半分にとどまったと伝えた。そして、そのうえで実験参加者が少し後悔するように仕向けた。

こんなふうに語りかけたのだ。「目を閉じて自分の成績を思い浮かべ、もっとよい成績を挙げられた可能性と比較してみましょう。あなたの実際の成績と、あなたのありえた成績をありありと想像してください」

すると、実験参加者たちの頭の中に、「もし～～していれば……」という思考が駆け巡りはじめる。その結果、この人たちは気分が悪くなる。少なくとも、「せめてもの幸いは……」と考えるよう促された実験参加者たちよりは気持ちが沈む。しかし、もう一度、アナグラムを解かせると、後悔の感情をいだかせた実験参加者たちは、そうでない人たちに比べて多くの正解を導き出し、粘り強く問題に取り組んだ。[10]

この点は、後悔に関する重要な学術的発見のひとつだ。後悔の感情は粘り強さを引き出す場合があるのだ。課題に粘り強く取り組めば、ほとんどの場合、パフォーマンスも向上する。本書でたびたび紹介している研究者のニール・ローズは、反実仮想に関する研究の先駆者のひとりだ。ローズも初期の有力な研究でアナグラムを用いている。その研究によると、実験参加者に「もし〜〜していれば……」という思考をいだかせると、アナグラムの問題で正解に到達する数が増え、正解を導き出すまでに要する時間も短くなったという。[11]

これは、アカデミズムの研究室の中だけで見られる現象ではない。実世界のカジノに目を移してみよう。マークマンが中心になっておこなった興味深い実験では、実験参加者にコンピュータを相手にブラックジャックのゲームをプレーさせた。実験を開始するに当たり、実験参加者の半分には、プレーは一回だけだと伝え、残り半分には、数回プレーすることになると伝えた。

すると、初回のプレーが終わった時点で、さらに複数回プレーする前提でいた人たちは、これでおしまいだと思っていた人たちに比べて、「もし〜〜していれば……」という思考をしやすかった。ブラックジャックの戦略を誤ったことを後悔したり、リスクを取りすぎた、あるいはリスクを避けすぎたと後悔したりする人の割合が大きかったのである。

一方、これでプレーがおしまいだと思っていた人たちは、あまりネガティブな感情を経験しなかった。ほとんどの人は、「せめてもの幸いは……」思考を実践していた。「少なくともお金をすべて失わずに済んだぞ!」などと考えていたのだ。

プレーが続くと思っていた人たちが後悔という不愉快な経験を進んで受け入れていたのは、「次回以降にもっとよいパフォーマンスを挙げるために役立つ情報を必要としていたためだ」と、マークマンらは論文で記している。「それに対し、これでおしまいだと考えていた人たちは、そのような情報を必要としておらず、現在のパフォーマンスに関して好ましい感情だけをいだきたいと思っていた[12]」

実は、ほかの人たちの後悔について考えるだけでも、パフォーマンスが改善する可能性がある。ジェーンという架空のキャラクターを使った研究がいくつかおこなわれている。ジェーンは、大好きなロックバンドのコンサートにやって来た。はじめはチケットで指定された座席に座っていたが、もっとステージに近い座席が空いていたので、そこに移った。すると、ハワイ旅行が当たる抽選をおこなうというアナウンスがされる。主催者が無作為に座席を選び、その座席に座っている人が当選者になるというのだ。実験では、一部の実験参加者には、ジェーンが移った先の座席が当選したと伝える。別の一部の実験参加者には、ジェーンが最初に座っていた座席が当選したと伝える。そして、そのあと、実験参加者に、ロースクールの入学者選抜テストの一部を解かせた。

すると、ジェーンの「もし〜していれば……」という状況を聞かされた人たちは、もうひとつのグループより、点数が一〇％高かった。この人たちは、創造性が試される「ドゥンカーのロウソク問題」のような複雑な問題解決の課題でも成績がよかった。[13]

前出のガリンスキーとゴードン・モスコウィッツが指摘しているように、反実仮想により他人の後悔を経験するだけでも、「可能性への扉が開ける」。それ以降の思考がより強力に、より迅速に、より独創的になるのだ。

もちろん、後悔がつねにパフォーマンスを向上させるわけではない。いつまでもくよくよと悔やみ続けたり、頭の中で失敗を何度も思い返したりすれば、逆効果になりかねない。また、後悔する対象を誤れば、パフォーマンスの改善には結びつかない。たとえば、ブラックジャックの戦略を後悔するのではなく、赤い野球帽を被ってカジノに出掛けたことを後悔しても、効果はない。それに、過去の行動を後悔する際は、ときに激しい苦痛に押しつぶされそうになることもある。

しかし、ほとんどの場合、「もし〜していれば……」と少し考えるだけでも、その後のパフォーマンスが改善する。[14]

挫折をきっかけとした後悔の感情は、キャリアに好ましい影響を及ぼす可能性もある。

ノースウエスタン大学ケロッグ経営大学院のヤン・ワン、ベンジャミン・ジョーンズ、ダシュン・ワンによる二〇一九年の研究では、権威ある国立衛生研究所（NIH）の助成金に応募した若手科学者たちのデータを一五年分調べた。

まず、助成金支給の当落線上の評価を受けた一〇〇〇人以上の科学者を選び出した。このうちの半分は、辛うじて助成金を受給できた人たちだ。この面々は、後悔を感じずに済む。もう半分は、あと一歩で助成金を受給できなかった人たちだ。この面々は、後悔をいだかずにはいられない。

ワンらの研究では、これらの科学者たちのキャリアがその後どうなったかを調べた。すると、長い目で見ると、あと一歩で助成金を受給できず、「もし〜〜していれば……」と感じた科学者たちのほうが一貫してパフォーマンスがよかった。

こうした科学界の「シルバー・エマ」たちは、その後に執筆した論文の引用件数が格段に多く、いわば「ヒット論文」を発表する確率が二一％高かった。失敗の経験が成功への燃料になったのだと、この研究では結論づけている。

あと一歩で助成金を受給できなかった経験は、おそらく後悔の感情を生み出しただろう。その結果、じっくり反省して戦略を見直し、それがパフォーマンスの改善につながったのである。[15]

3　人生の充実感が高まる

数十年前のこと。私はイリノイ州のエバンストンという町で四年間過ごしたことがある。この町にあるノースウェスタン大学で学んでいたのだ。大学時代のことは、おおむね満足している。たくさんのことを学んだし、生涯にわたる友人も何人かできた。

けれども、ときどき思うことがある。もし、大学に進めていなかったら、私はどんな人生を送っていただろう。ほかの大学で学んでいたら、どんな人生を送っていただろう。こうした物思いに耽（ふけ）ると、どういうわけか、大学時代への満足感が落ち込むのではなく、高まることが多い。大学時代の四年間が人生全体の欠かせない一部のように思えてくるのだ。

こんなふうに感じているのは、私だけではない。

二〇一〇年、前出のクレイ、ガリンスキー、ローズを含む社会科学者たちがノースウェスタン大学の学部学生たちに、進学した大学と、大学での友人の選択についての反実仮想を促した。もし別の大学に進んでいたら、もしほかの人たちと友人になっていたら、と想像した人たちの反応は、私とよく似たものだった。実際に取った選択がいっそう価値あるものに思えてきたのである。「反実仮想をおこなうと、人生における大きな経験とこれまでの人間関係がより大きな意味をもつように思えてくる」と、この研究は結論づけている。

こうした効果は、まだ若くて、自分のことばかり考えている時期にだけあらわれるものではない。ある研究によると、人生の重要な経験について反実仮想をおこなった人は、その出来事の意義そのものを意識的に考えた人に比べて、その出来事に大きな意味を見いだすという。過去の経験の意味を直接的に検討するよりも、「もし〜〜していれば……」もしくは「せめてもの幸いは……」という反実仮想を通じて間接的に考えるほうがその経験を有意義なものと感じやすいのである。[16]

また、人生の経験について反実仮想をおこなうと、単にその経験そのものを振り返るよりも、強力な宗教的感覚と深い意義を感じることができる。[17] このような思考は、愛国心や組織への忠誠心を強める場合もあるという。[18]

ここで紹介した研究は反実仮想全般をテーマにしたものだが、その中でも後悔とはとりわけ、人生の充実感を高め、充実した人生に向けて生きるよう人々を後押しする効果が大きい。たとえば、過去の行動を後悔することを軸に「人生の振り返り」を実践すると、人生の目標を修正し、新鮮な気持ちで生きられるようになる場合がある。[19]

メンタルヘルスの研究者である二九歳のアビー・ヘンダーソンは、「ワールド後悔サーベイ」(＊注)に、こんな言葉を寄せた。

子どもの頃、祖父母と一緒に過ごす時間を大切にしなかったことを後悔しています。当時の私は、家に祖父母が訪ねてくることを嫌がっていて、祖父母が私と親しく接しようとすることを鬱陶(うっとう)しく感じていました。でも、いまは、あの頃に戻れるのであれば、どんなことでもしたいという思いです。

アビーは、アリゾナ州フェニックスの幸せな家庭で三人きょうだいの末っ子として育った。インディアナ州のハートフォードシティという小さな町で暮らしていた父方の祖父母は、毎年冬になると、中西部の厳しい冬を逃れるために、温暖なアリゾナ州にあるヘンダーソン家に一～二カ月ほど滞在するのが常だった。

子ども時代、それが嫌だった。両親は共働きで、物静かな子どもだったアビーは、学校から帰ったあと、ひとりで過ごすのが大好きだった。祖父母が家にいると、その平穏が乱された。学校から戻ると、祖母が待ち受けていて、一日の出来事を聞きたがった。アビーは、そうした会話を嫌がった。

いまは、そのことを後悔している。

「いちばん後悔しているのは、祖父母の人生の物語を聞かなかったことです」と、アビーは私に語っている。しかし、その後悔をきっかけに、両親に対する姿勢が変わった。

（＊注）「ワールド後悔サーベイ」への回答者は、自分の後悔についてのコメントを匿名で寄せる形になっていたが、あとで追加のインタビュー調査を受けてもよいと考える人は、任意で電子メールアドレスも記入するものとしていた。

アビーときょうだいたちは、父親のために「ストーリーワース」というサービスに加入した。このサービスにより、七〇代の父親に毎週電子メールが届く。その電子メールには毎回、ひとつの問いが記されている。「あなたのお母さんは、どんな人でしたか」「子ども時代のいちばん好きな思い出は?」、そして「これまでの人生でどんなことを後悔していますか」といった問いだ。父親はその問いへの回答を返信する。これを一年間続けると、回答をまとめて一冊のハードカバーの本をつくってくれるサービスだ。

「もし〜〜していれば……」という後悔をきっかけに、「もっと大切に生きたいと思うようになりました。もっと人との絆を深めたいと思うようになったのです。……両親が亡くなったとき、祖父母が亡くなったときのように『やり残したことがあるのではないか』とは考えたくありません」と、アビーは語っている。

アビーはこうした心の痛みをきっかけに、自分の人生をひとつのパズルと位置づけ、そのパズルの最も重要なピースは本当に大切なことの追求だと考えるようになった。

「誰かが『私は後悔なんてしない』と言うことがあります。そんなとき、私はこう反論します。『失敗しなければ、どうやって学習し、成長できるの?』」と、アビーは私に語った。「まったく後悔なしに二〇代を終える人なんていない。職選びに失敗したとか、デートで失敗したといったことを悔やむことは避けられません」

それでも、やがて、自分が後悔を感じるときはいつも「本当に大切なことをおろそかにしていたことが一因になっている」と気づいたという。

　アビーが亡き祖母に関して覚えていることのひとつは、飛び抜けたパイづくりの腕前だ。とくに、デザートのパイは絶品だったという。「味気ないパイしか食べたことがない人は、パイと言われてもピンとこないかもしれません。でも、祖母のストロベリーパイを一度でも食べれば、考え方が完全に変わるでしょう」。アビーは、パイの話だけをしているのではない。祖母のパイへの思いは、祖母への思いそのものだ。

「後悔のおかげで、私の人生はより多くの味わいをもつものになりました」と、アビーは私に語った。「私は、後悔という感情の苦さをよく覚えています。そのおかげで、甘美な思いを経験したとき、その味わいがいっそう甘く感じられるのです」

　祖父母との日々をやり直せないことは、もちろんわかっている。「それはもう取り戻せません」。その点では、父親の人生のストーリーを集めることが救いになっている。しかし、「もし〜〜していれば……」という思考をいだかなければ、その試みを始めることはなかっただろう。父親のストーリーを聞くことは、祖父母との関わりの「素晴らしい代替になっています」と、アビーは語る。

「でも、完全に埋め合わせができているわけではありません。（祖父母との経験の）代わりになるものはありません。私は残りの人生を通してずっと、その小さな欠落を抱えて生きていくことになるでしょう。でも、その欠落があるおかげで、あらゆる行動の指針が得られているのです」

正しく扱えば、後悔は私たちをよりよい人間にする力をもっている。後悔の力を理解することにより、意思決定の質が改善し、パフォーマンスが向上し、人生の充実感が高まる。問題は、私たちが後悔を正しく扱えない場合が少なくないことだ。

感情はなんのためにある?

人間の行動をテーマにした一般向けの書籍ではほぼことごとく、ウィリアム・ジェームズという人物に言及しているように思える。ジェームズは、一九世紀アメリカの博学者。ハーバード大学で教鞭を執り、史上初の心理学の教科書を執筆し、史上初の心理学の講座を担当した。心理学の開祖と位置づけられることも多い。本書でも、このジャンルの書籍の伝統に従って、ジェームズの著作について見てみよう。

ジェームズが一八九〇年に著した名著『心理学原理』の第二二章では、人間に思考の能力が備わっている理由を論じている。ジェームズいわく、人がどのようにものを考えるか、さらにはなにを考えるかは、環境に大きく左右されるという。

「いま私は文章を執筆しているので、目の前にある紙は、文字を記すためのものと考えることが必須である」と、ジェームズは記している。「そのように考えなければ、執筆ができない」。しかし、状況が違えば、紙に対する見方は変わる。たとえば、あなたがいま火をつけたいと思っていて、ほかに手元になにもなければ、どうだろう。紙には、無限の性格づけが可能だ。「それは可燃物とも言えるし、文字を記すためのものとも言えるし、薄い物体とも言えるし、炭化水素の物質とも言えるし、八インチ×一〇インチのサイズのものとも言えるし、隣の畑にある石から東へ二〇〇メートルほどの場所にあるものとも言えるし、アメリカ製のものとも言えるし……いくらでも続けることができる」

この指摘に続いて、ジェームズは破壊力満点の言葉を記している。その破壊力は、今日も失われていない。「私の思考は、すべての面において私の行動のためにある」[20]

現代の心理学者たちもこの主張を支持してきた。ただし、ある研究者は、より簡潔にこう述べている。「思考は行動のためにある」[21]。私たちは、生き延びるために行動する。そして、行動するために思考するのである。

一方、感情はもっと複雑だ。感情には、どのような役割があるのか。とりわけ、後悔のように不快な感情は、どんな役割を担っているのか。思考が行動のためにあるとすれば、感情はなんのためにあるのか。

ひとつの考え方は、「感情は無視すべきものである」というものだ。感情はさほど重要ではなく、単に邪魔なだけで、本当に大切なことに神経を集中させる妨げにしかならない、というのである。感情を払いのけ、あるいは忘れてしまうのがいちばんだと、こうした考え方を信奉する人たちは主張する。理性に意識を集中させ、感情を無視すれば、万事うまくいくというわけだ。

しかし、残念ながら、ネガティブな感情をいわば地下室に押し込んだとしても、いずれは地下室の扉を開けて、そこに隠したものと向き合わなくてはならない日が来る。ある心理セラピストいわく、感情にふたをすると、「心臓病や消化器系の不調、頭痛、不眠、自己免疫不全などの肉体的問題が生じかねない」という[22]。ネガティブな感情を地中に埋めたところで、それが消えてなくなるわけではない。むしろ、その感情が増幅して染み出し、人生という土壌を汚染する。

ネガティブな感情を徹底して軽んじるのは、手堅い戦略とも言えない。そのような態度を取れば、ヴォルテールの小説『カンディード』に登場する哲学者パングロスのようになってしまう。パングロスは、立て続けに災難に見舞われても、こう言ってのける。「ありうる世界の中で最善の世界において、すべては最善である」

第12章で述べるように、「せめてもの幸いは……」思考など、ネガティブな感情を最小化するためのテクニックにも意味はある。私たちには癒しが必要なときがあり、この種の手法を用いることにより、癒しが得られる場合もある。

けれども、癒しを求めることにより、誤った安心感をいだけば、厳しい現実を修正する手立てを失いかねない。その結果として、悪循環に陥り、意思決定の質が悪化し、成長が妨げられる可能性もある。

もうひとつの考え方は、「感情は感情のためにある」というものだ。この考え方によれば、感情は人間の本質にほかならない。自分がいだいている感情について語り、感情を吐き出し、感情にどっぷりつかればいい。「自分の感情をつねに信じるべし」とされる。[23]

感情を尊重し、言ってみれば玉座に載せて崇めよ、というわけだ。真実は感情にあり。感情こそがすべてであり、それ以外のものはすべて脇役的な存在にすぎないと、この立場を取る論者は主張する。

ネガティブな感情、とりわけ後悔の感情に関して言えば、この考え方に沿って行動することは、現実逃避により幻想を生み出すパングロス流のアプローチに輪をかけて危険だ。過度に後悔しすぎることには、リスクがついて回る。ときには、壊滅的なダメージが生じる場合もある。過去の経験を脳内で何度も反芻(はんすう)する結果、心理的幸福が著しく落ち込んだり、過去の失敗のことばかり考えて前向きの思考ができなくなったりしかねない。

過去の出来事を後悔しすぎると、さまざまなメンタルヘルス関連の問題が発生する可能性がある。とくに目につくのは抑鬱と不安だが、心的外傷後ストレス障害（ＰＴＳＤ）が生じるケースもある。[24]「くよくよ後悔し続ける人は、人生の満足度が低く、ネガティブな出来事への対応が難しい場合が多い」と、ある論文は指摘している。[25]

そのような傾向は、後悔を繰り返す場合にとりわけ強まる。繰り返しの思考が後悔に拍車をかけ、後悔が繰り返しの思考に拍車をかけることにより、苦痛の悪循環が生まれかねないのだ。[26] 反芻することを通じて思考が明晰になったり、取るべき行動がはっきりしたりする効果は期待できない。むしろ思考が混乱したり、課題に集中できなくなったりする。感情にどっぷりつかれば、私たちは言うなれば感情の反響室を築いて、そこから簡単には抜け出せなくなる。

後悔の感情に関しては、以上の二つの考え方よりも健全な考え方がある。それは「感情は思考のためにある」というものだ。この考え方によれば、私たちは感情から逃げるべきではないが、感情にどっぷりつかるべきでもない。感情に正面から向き合うべきだとされる。重要なのは、感情を触媒にして将来の行動を変えること。思考が行動のためにあるとすれば、感情はその思考の助けになりうるのだ。[27]

このようなアプローチで後悔の感情に向き合うという発想は、ストレスに関する科学的研究成果に通じるものがある。「ストレス」というと、いかにも悪いもののように聞こえるが、今日の科学によって明らかにされつつあるように、ストレスはあらゆるケースで一様なものではない。ストレスが人にどのような影響を及ぼすか、そしてそもそもストレスとはなにかは、ひとりひとりの思考様式によって変わる。[28]

ストレスを恒久的なもので、人の精神を激しく痛めつけるものと考えるか、それとも一時的なもので、人の能力を高めるものと考えるかによって、影響は異なる。慢性的にあらゆる局面でストレスを感じることはきわめて有害だが、ときに一時的なストレスを感じることには、好ましい面もある。というより、それは非常に重要なことですらある。

　こうした点では、後悔もストレスと似ている。たとえば、自分の人格について後悔すれば、この感情は深刻な悪影響を生みかねない。しかし、特定の局面における特定の行動について後悔するのであれば、その感情を通じて将来の行動を改められるかもしれない。

　あなたが家族の誕生日をうっかり忘れていたとしよう。自分が間抜けで冷淡な人間だったことを後悔しても意味はない。家族の誕生日をスケジュール帳に記さなかったことや、日頃から家族に感謝の気持ちを伝えていなかったことを後悔するのであれば、意味がある。多くの研究によると、過去のネガティブな経験を否定的に評価するのではなく、その経験を受け入れている人のほうがその後に好ましい成果を挙げられるという[29]。

　また、後悔を脅威ではなく、機会ととらえれば、この感情の性格を根本から変容させ、言ってみれば、鉛のように重たい毛布ではなく、鋭利な針のような機能をもたせることができる。後悔が激しい痛みをもたらしても、それがすぐに解消するのであれば、その人の問題解決能力が高まり、精神の健康も改善する[30]。長くくすぶり続ける後悔は、その人の足を引っ張るが、一瞬の鋭い痛みをもたらす後悔は、その人を高みに押し上げるのだ。

　カギとなるのは、後悔を触媒にして好ましい連鎖反応を生み出せるかどうかだ。感情が

後悔に対する3種類の反応

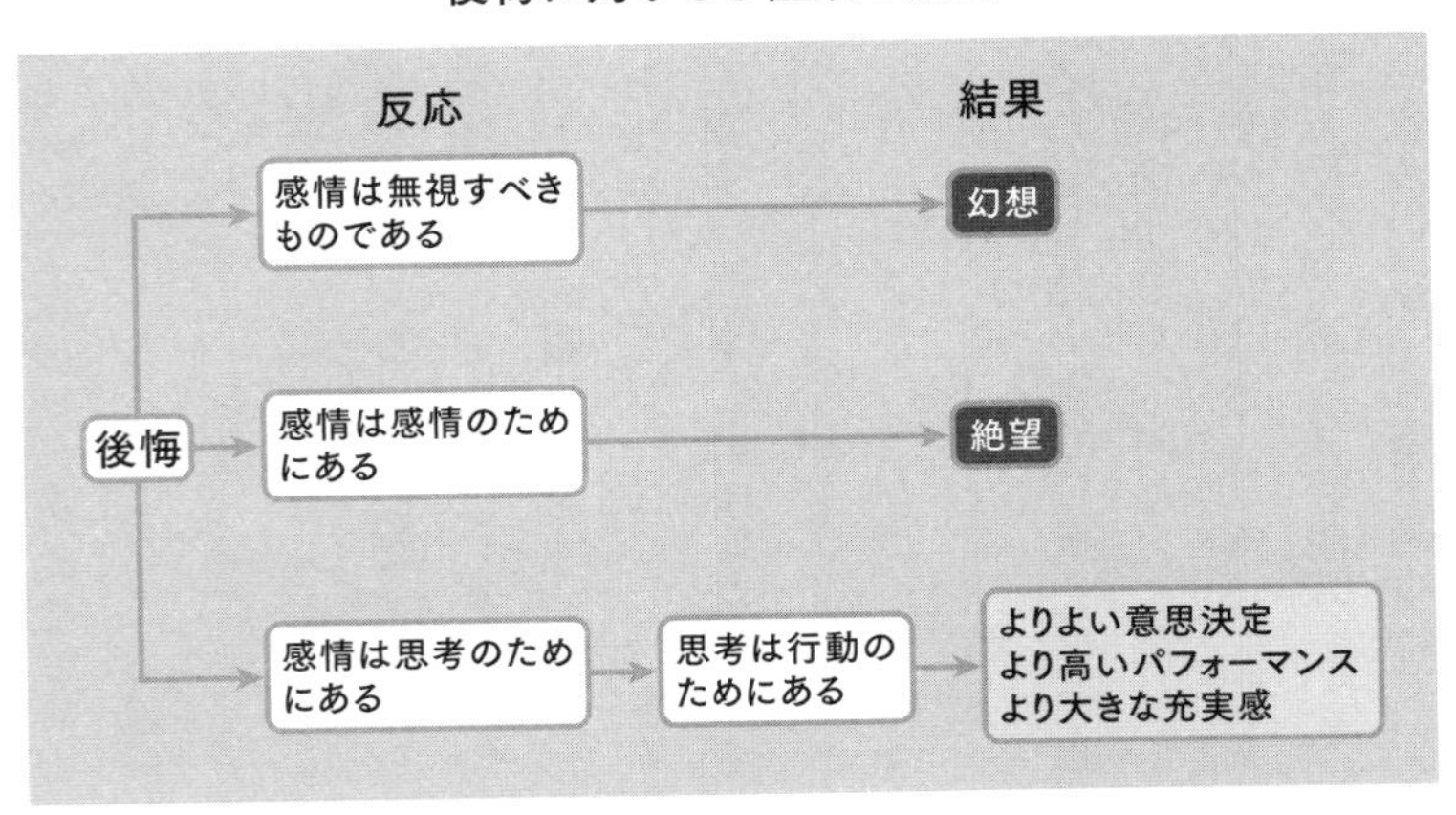

思考にシグナルを送り、思考が行動を後押しする状況をつくることが重要なのだ。後悔はすべて、その人を苦しめる。しかし、生産的な後悔は、人を苦しめたあとで行動を促すのである。

上に掲げた図は、そのプロセスをまとめたものだ。本人がどのような反応を示すかによって、結果が変わってくるという点に着目してほしい。後悔の痛みを感じたとき、人が取りうる反応は三種類ある。「感情は無視すべきものである」と判断して、それを見えない場所にしまい込んだり、軽んじたりすれば、現実が見えなくなる。「感情は感情のためにある」と考えて、それにどっぷりつかれば、絶望に襲われる。

では、「感情は思考のためにある」と考えて、思考を修正する材料にすれば？ その後悔の感情は、意思決定の質を改善させ、課題に対するパフォーマンスを向上させ、人生の充実感を高めるために、有益な教訓をもたらす。

感情が思考のためにあり、思考が行動のためにあるとすれば、後悔は私たちをよりよい人間にする役割があると言えるだろう。

＊＊＊

伝えられるところによると、一五世紀の日本で、将軍・足利義政があるとき中国製の茶碗を取り落として、割ってしまった。そこで、茶碗の破片を中国に送り返し、修復を依頼した。ところが、だいぶ経ってから送り返されてきた茶碗は、お世辞にも美しいとは言えない代物だった。巨大な金具で破片が固定されていたのだ。もっといいやり方があるはずだと考えた将軍は、日本の職人たちに修復を依頼した。

日本の職人たちが選んだ方法は、茶碗の割れた断面をやすりで磨き、金粉を混ぜた漆で接着するというものだった。狙いは、茶碗を元どおりに再現することでもなければ、ヒビを隠すことでもなかった。割れた茶碗をよりよいものにつくり変えることを目指したのだ。

こうして誕生したのが、今日まで続く「金継ぎ（きんつぎ）」と呼ばれる新しい芸術様式である。

「一七世紀になる頃には金継ぎが大流行していて、わざわざ茶碗を割り、金色のヒビ割れの跡が入った茶碗を手に入れようとする人たちもいた」という。[31]

金継ぎでは、ヒビと修理跡をその器の歴史の一部、その器の欠かせない要素と位置づける。器は、不完全であるにもかかわらず美しいのではない。不完全だからこそ美しいのだ。ヒビ割れのおかげで、その器はよりよいものになっているのである。

茶碗だけでなく、人間にも同じことが言えるのかもしれない。

マーラ・アボットはそのことをよく知っている。「誰だっけ?」と思った読者のために、おさらいしておこう。第3章で紹介したように、アボットは二〇一六年のリオデジャネイロ夏季五輪の自転車女子ロードレースに出場したアメリカ人選手。終盤までトップを走っていたが、最後の最後で失速して四位でゴールした。

「この大会後の日々ほど激しい傷心に苛まれたことは、それまでの人生でありませんでした」と、いまはワイオミング州バッファローで新聞記者をしているアボットは、ある二月の午後、ビデオ会議システムを通じた取材で私に語った。「心が粉々になりました」

しかし、その後、その断片をかき集めて再び組み立てて、そこに残ったヒビから新たな教訓を見いだした。自転車選手としての一〇年間の輝かしいキャリアにはこの夏季五輪で終止符を打ったため、その後にレースのタイムを短縮したり、新たなトロフィーを獲得したりすることはできなかった。それでも、「その経験を通じて、その後の意思決定と価値判断の指針になる基準と視点を獲得できました」とのことだ。

アボットがなによりも切望しているのは、二〇一六年八月のあの午後と同じくらい、いまやっていることに没頭し、自分が生き生きしていると感じること。「あのとき敗北を喫したこと、そして全身全霊でぶつかっていったことにより得た機会と感情は、私にとってこれ以上望むべくもない素晴らしいものでした」。五輪で激しい痛みを味わったことで、それ以降の人生に対して、より真剣に、より強い目的意識をもって臨めるようになったという。「心が砕けたと感じているとすれば、それは、心が砕けるくらい大きなこと、重要で価値あることに挑戦した証拠です」

アボットも気づいているように、光はヒビから差し込んでくる。そうしたヒビを通してものごとを見ることにより、よい人生とはどのようなものかが明らかになる。次のPART2ではこの点を考えたい。

若い頃に食習慣を改めなかったことを後悔しています。たばこも吸っていたし、お酒もたくさん飲んでいました。しかも、人生のほとんどの時期、一日三食のすべてで肉を食べていました。けれど、半年前にビーガンになって、それまで経験したことがないくらい快適な日々を送っています。もっと若いときにビーガンになっていれば、どんな人生を送れただろうかと思わずにいられません。

――四六歳男性、ホンジュラス

ほかの人たちが考える「普通」に合わせて行動しすぎました。ありのままの自分を受け入れて、隣人を愛し、毎日を特別な一日にすることが大切だと思います。

――六二歳ノンバイナリー、ユタ州

いちばん後悔しているのは、専業主婦として家で子どもの世話をしていたのに、神様とイエス・キリストのことをきちんと教えなかったことです。その時間に、子どもたちの信仰心をはぐくみ、強化することができたはずです。そうしていれば、子どもたちがよい人生を送るための最善の土台をつくれたでしょう。

――五四歳女性、ミネソタ州

PART 2

後悔という
感情の正体

第5章 後悔の表層構造

「私の肉体は神殿などではない。それは、私の後悔を記録する記憶装置だ」

――@ElyKreimendahl（二〇二〇年、ツイッター［現「X」］への書き込み）

人々は、どのようなことを後悔しているのか。

多くの世論調査機関や研究者たちが、二〇世紀半ばからこの問いに答えようとしてきた。一九四九年、アメリカ世論研究所の創設者であるジョージ・ギャラップは、アメリカで世論調査をおこない、人生で最大の失敗はなんだと思うかと尋ねた。すると、圧倒的に多かったのは、「わかりません」という回答だった。

四年後の一九五三年、ギャラップは再び調査をおこなった。この調査では、おそらく歴史上はじめて後悔そのものに光を当てた。「もし人生をやり直せるとしたら、おおむね同じ生き方をしたいですか、それとも別の生き方をしたいですか」と尋ねたのだ。それに対して、過半数の人は、人生を変えたいとはまったく思わないと答えた。

自分のつらい思いと向き合い、その経験について語ることに、回答者たちが心地悪さを感じたのは、理解できる。一九五三年の人々がどんな人生を生きていたか想像してみてほしい。当時は、まだ第二次世界大戦の影が色濃く残っていた。イギリスでは、即位したばかりの二七歳の女王の下、まだ食料の配給がおこなわれていた。日本と多くのヨーロッパ諸国は、戦争の激しいダメージからようやく抜け出しつつあった。この年は、ソ連の指導者ヨシフ・スターリンが死去し、朝鮮戦争が停戦し、初のポリオ・ワクチンが開発された年でもある。

このように世界が不安要素だらけの時代には、自分の内面について考えることは甘えのように感じられたのかもしれない。アメリカ人が国民挙げて自分の内面と向き合うようになるのは、まだ数年先のことだった。

それでも、世論調査機関は少しずつ、人々が自分の不安の奥底を覗き込むことを後押しはじめた。一九四九年のギャラップによる調査で、人生で犯した最大の失敗を尋ねる問いに対して、「わかりません」の次に多かった回答は、「十分な教育を受けなかったこと」だった。一九五三年の調査でも、人生に後悔を感じていた人たちの間で最も多くの人（一五％）が挙げたのは、「もっと教育を受けなかったこと」だった。

これも納得がいく回答だ。一九五三年の時点で、四年以上大学に通った人はアメリカの人口全体の六％にすぎなかった。[1]半分以上の人は高校を卒業していなかった。連邦最高裁判所が「ブラウン対教育委員会」判決をくだし、公立学校で黒人と白人を分離することを憲法違反と判断するのは、この一年後のことだ。

この時期のアメリカ人は、教育を受ける機会がこれから拡大していくのだろうと感じはじめていた。もしかすると、そうした時代背景もあって、人々は自分が過去に教育を受ける機会を得られなかった、あるいはその機会を生かさなかったことへの後悔を強く感じるようになったのかもしれない。

一九六五年にルック誌の依頼によりギャラップがおこなった調査で、人生をやり直せるとした場合、次は違う行動を取りたいと思うのはどの点かと尋ねたところ、四三％の人は「もっと教育を受けたい」と答えた。これは、八年前の一九五三年の調査に比べて三倍近くに増えている。[2]

この時代以降、世論調査機関は、後悔というテーマへの関心を失っていった。それに代わり、アカデミズムの研究者たちが関心を示すようになった。一九八〇年代、ミシガン大学のジャネット・ランドマンとジーン・マニスは、同大学の就職支援センターを訪ねた女子学生と大人の女性たちの後悔について調べた。いずれのグループでも、最も多くの人が挙げた後悔の対象は教育だった。大人の女性たちの場合、「もし〜〜していれば……」という思いはたいてい、もっと高度な教育を受けなかったことに関わるものだった。[3]

一九八九年には、アリゾナ州立大学のアーリン・メサとリチャード・キニアが三つの年齢層の女性たちの主要な後悔について調べた。二〇代の人たち、三五〜五五歳の人たち、六四歳以上の人たちである。どのグループでも、最も多かった後悔は「もっと真剣に勉強に取り組めばよかった」というものだった。[4]

アリゾナ州立大学の別の研究者たちも、この数年後にコミュニティ・カレッジの学生たちを対象に研究をおこない、同様の結果を得ている。「教育／アカデミック」関連の後悔が最も多かったのである。[5]

一九九二年には、家族研究を専門とするメアリー・ケイ・デジェノバが、引退生活に入っている人たちを対象に調査をおこなった。すると、友人関係、家族、仕事、教育、信仰、余暇、健康のなかで最も多くの人が後悔していたのは、教育だった。[6]

同様の研究結果は数知れない。コーネル大学のヴィクトリア・メドヴェクとトーマス・ギロヴィッチ（第3章で紹介した五輪メダリストに関する研究をおこなった研究者たちだ）は一九九四年、さまざまな人たちに人生で後悔していることについて尋ねた。最も多くの人が挙げたのは、教育だった（ここには、「教育を受けなかったこと」と「教育に関してまずい選択をしたこと」の両方が含まれる）。ちなみに、これに次いで二番目に多かったのは、恋愛関連（「恋愛の機会を生かさなかったこと」と「賢明でない恋の冒険をしてしまったこと」）である。[7]

一九九五年には、メドヴェクとギロヴィッチ、それにニーナ・ハティアンガディが七〇代の人たちの後悔について調べた。調査対象に選んだのは、子ども時代にＩＱの高い神童と呼ばれていた人たちだ。ここでもやはり、最も多くの人が挙げたのは、教育に関する後

よくある後悔の対象（2005年）

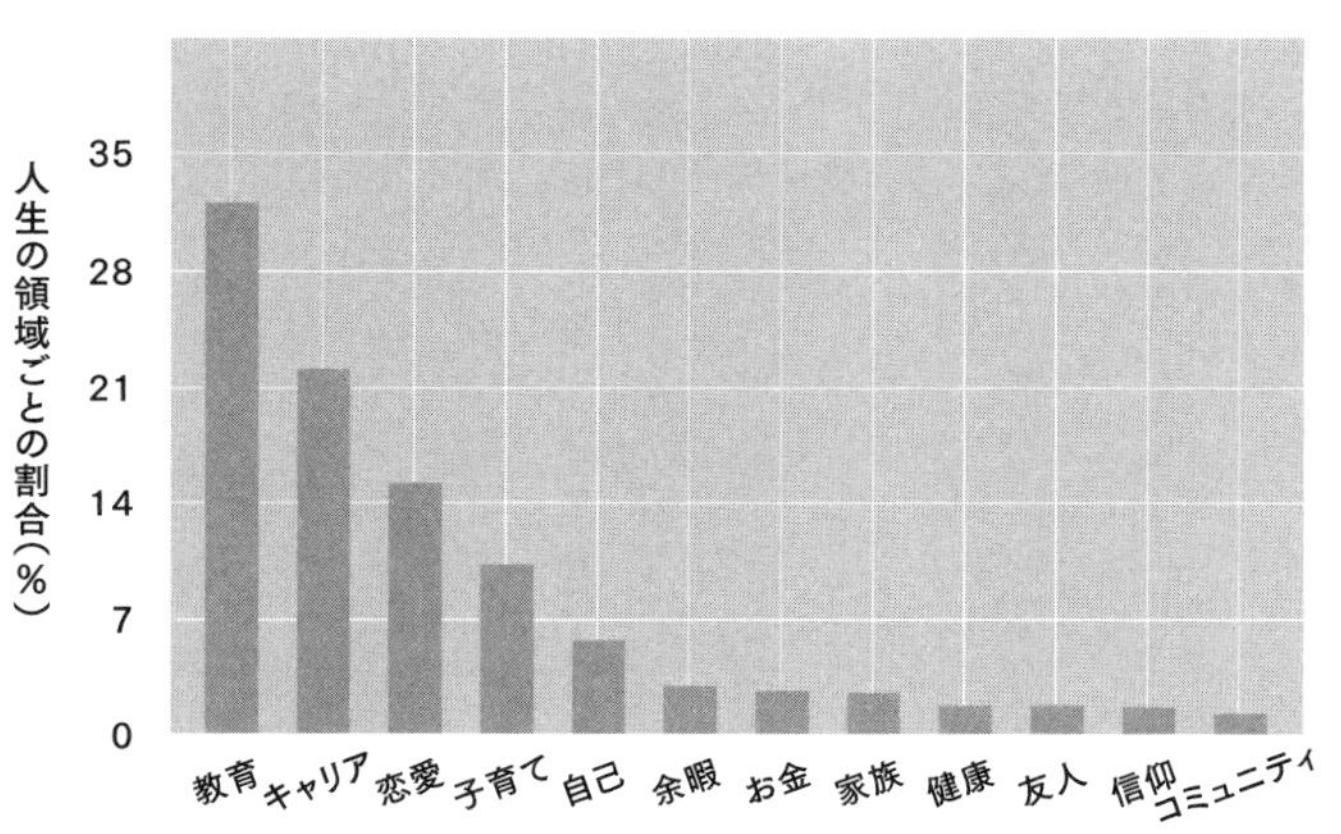

出典：Roese, Neal J., and Amy Summerville. "What we regret most...and why."*Personality and Social Psychology Bulettin* 31, no. 9 (2005): 1273-1285.

悔だった。大学で時間を有効に活用しなかったことや、専攻する分野を誤ったこと、もっと高いレベルの教育を受けなかったことなどを後悔していた。[8]

二〇〇五年、ニール・ローズとエイミー・サマーヴィルは、既存の研究を総ざらいし、「人生のどの領域が最も後悔を生みやすいか」をより正確に知りたいと考えた。そのために、九つの研究結果を検討した（そのなかには、本章で紹介した研究も含まれている）。

すると、一二種類の後悔のカテゴリーを見いだすことができた。キャリア（「もし歯科医になっていたら……」）、恋愛（「エドワードではなく、ジェイクと結婚していたら……」）、子育て（「子どもたちともっと多くの時間を過ごしていたら……」）などである。

またしても、最も多くの人の後悔の対象に

なっているのは教育だった。九つの研究の調査対象者三〇四一人のうち、三二%の人たちは、最大の後悔の対象として教育を挙げているのだ。

「教育が後悔の最も主たる対象になっている一因は、今日の社会において、なんらかの形で新たな教育やより高度な教育を受ける機会がほぼすべての人に開けていることにある」と、この研究をまとめた論文は指摘している。大学を卒業していない人は、大学で学び直すことができる。仕事の研修を受けたり、新しいスキルを習得したりする必要がある人は、そのための講座を受ければいい。二〇代のときに大学院に進まなかった人は、四〇代や五〇代で大学院に入ってもいい。「機会があるところに後悔が生まれる」と、この論文は記している。「その点、教育に関しては、生涯を通じてやり直しの機会があるようになった」[9]

ローズとサマーヴィルは、論文に「私たちはなにを最も後悔しているのか、そして、なぜそれを後悔しているのか」("What we regret most...and why.")というタイトルをつけた。この研究により、これらの問いに対して明快な答えを示せたように見えた。

しかし、議論にはまだ決着がつかなかった。ほどなく、ローズとサマーヴィルも含む多くの研究者は、「なにを」という問いへの答えは不正確であり、「なぜ」という問いへの答えは、思っていた以上に多くのことを浮き彫りにしていることに気づいた。

人々が本当に後悔していることは？

人々が最も後悔しているのは教育だと結論づける一連の研究論文は、査読を経てはいるものの、いくつもの面で欠陥がある。たとえば、研究の大半は、大学のキャンパスが舞台になっている。学位や専攻やカリキュラムが主たる関心事になるのは、当然とも言える。もし、病院やクリニック、薬局で研究をおこなっていれば、健康に関する後悔が最も多かっただろう。

それ以上に問題なのは、ローズとサマーヴィルも指摘しているように、それらの研究が社会の縮図になるようなサンプルを抽出するのではなく、「お手軽なサンプル」を対象に調査をおこなっていることだ。

ある研究では、大学院生たちに依頼して、知り合いに質問票を配布させた。サンプルの無作為抽出という定番の方法論に従っていないのである。前出の引退生活者を対象にした研究で調べたのは、パーデュー大学の近くに住む一二二人の高齢者だが、同大学があるインディアナ州西部が世界全体を代表できるとは考えにくい。別のある研究は、一〇人の大学名誉教授、一一人の老人ホーム入居者、四〇人の学部学生、一六人の事務員・管理人という、ありあわせのメンバーを調査対象にしている。

ローズとサマーヴィルがメタ分析の対象にした研究のサンプル全体の七三％は女性だ。このような偏ったサンプル選びは、統計学的に見て模範的とは言い難い。また、これらの研究で調査対象になった人の大多数が白人だった。

一方、これらの研究に比べればアメリカ社会全体を反映していると言えるギャラップの調査も、とうてい決定的なものとは言えない場合が多い。たとえば、一九五三年の調査では、一五％の人が最も後悔していることとして教育を挙げたが、それより多くの人（四〇％）がこの問いに複数の要素を挙げているのだ。

ローズとサマーヴィルは、多様性と複雑性に富んだ社会全体を映し出せる調査が必要だと、二〇〇五年の論文で指摘した。そこで、ローズとマイク・モリソンは二〇一一年の研究でその課題に挑んだ。

具体的には、大学のキャンパスで調査するのではなく、電話で全米の三七〇人を調査するものとし、ＲＤＤ方式によりサンプルを無作為抽出したため、サンプルが特定の地域や人口動態上の属性の持ち主に偏ることは避けられた。

この研究では、調査対象者たちにみずからの大きな後悔をひとつ詳しく説明させ、独立した立場の評価担当者がそれを人生の一二領域に分類した。「典型的なアメリカ人がどの領域で最も大きな後悔をいだいているかを明らかにすることを目的に、真に社会全体を代表するサンプルを調べた研究として史上初の試みである」と、ローズとモリソンは論文で

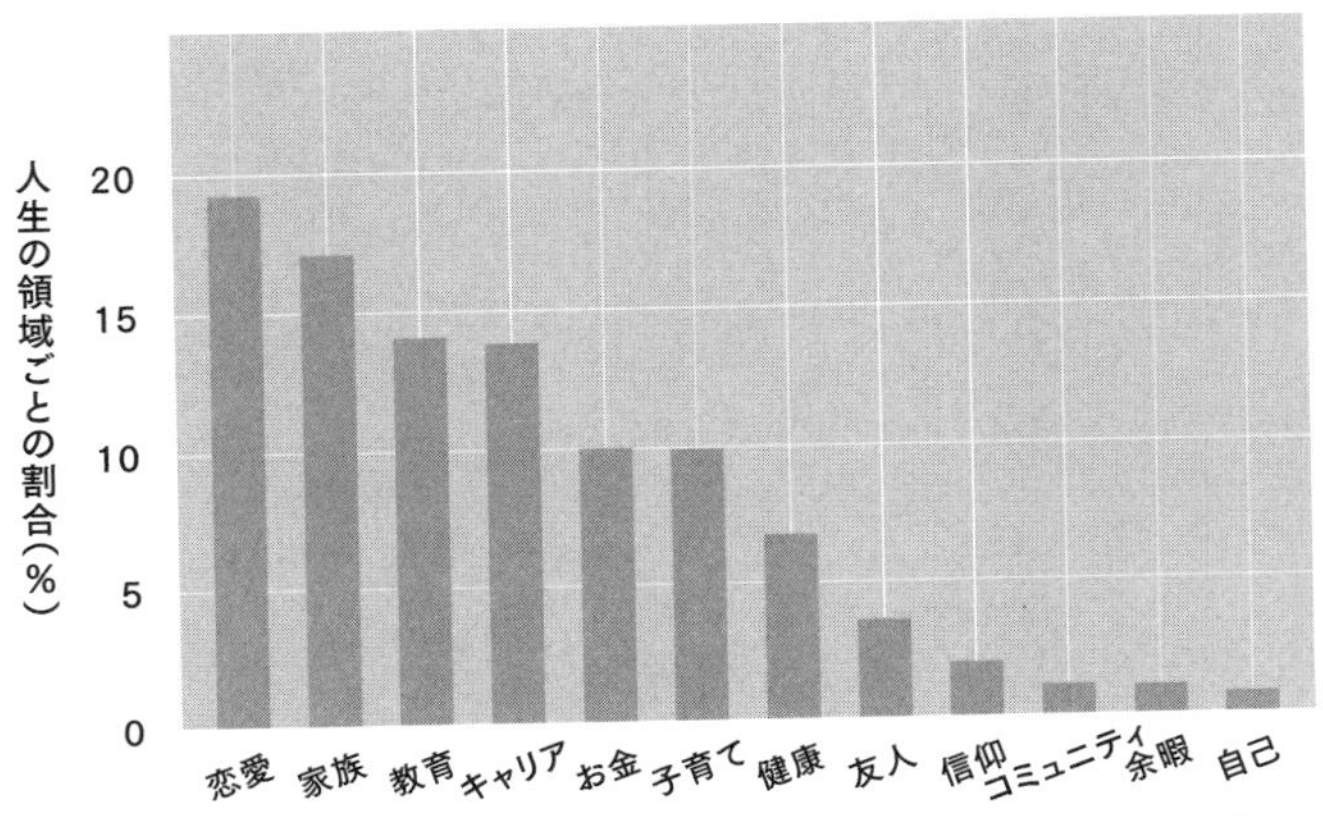

出典：Morrison, Mike, and Neal J. Roese. "Regrets of the typical American: Findings from a nationally representative sample." *Social Psychological and Personality Science* 2, no. 6 (2005): 576-583.

記している。

その論文「典型的なアメリカ人の後悔——全国代表サンプルに基づく発見」（"Regrets of the typical American : Findings from a nationally representative sample"）——に記された研究結果は、それまでの研究とは大きく異なるものだった。

人々の後悔の対象はいくつかの領域に分散しており、全体の二〇％以上の割合を占めた領域は存在しなかった。最も多かったのは、恋愛に関する後悔で約一九％（愛する人を失ったことにまつわる後悔と、恋愛を成就させられなかったことにまつわる後悔の両方）。その次に多かったのは、家族関連の一七％。教育とキャリアは、いずれも一四％だった。[10]

調査対象者の多様性を確保したことにより、ほかにもいくつかの発見が得られた。たとえば、女性は男性に比べて、恋愛と家族に関連する後悔をしやすいことがわかった。また、教育レベルがとりわけ低い人は、教育にまつわる後悔をいだく可能性が高い。一方、独身で恋人がいない人は、恋愛関連の後悔をいだきやすい。

この研究では、人々が後悔を感じる理由も過去の研究とは違った。機会がカギを握っているという結論自体は、これまでの研究と変わらない。しかし、過去の研究は、たくさんの機会がある人生の領域で後悔を感じやすい可能性を示唆していたが、この研究で明らかになったことは、それとは正反対だった。

教育を受けるには年を取りすぎたと感じている場合など、機会が失われてしまった領域でこそ、人々は最も後悔を感じやすいとわかったのだ。このように機会が少ない領域における後悔(問題を解決することは不可能)の件数は、機会が多い領域における後悔(問題を解決できる余地がある)の件数を大きく上回った。

世論調査機関や研究者たちが人々に後悔について尋ねはじめて半世紀以上経ってようやく、二つの重要な問いに対する答えがある程度見えてきた。

問い「人々はなにを後悔しているのか」
答え「多くのことを後悔している」
問い「なぜ、人々はそのような後悔をいだくのか」

答え「機会に関わるなにかが理由である」

興味深い答えではある。しかし、まだ満足のいくものとは言えない。

2021年「アメリカ後悔プロジェクト」

一九五三年に比べると、この種の調査の手法は大きく変わった。ギャラップがはじめて後悔について尋ねた調査では、約一五〇〇人の人たちに聞き取り調査を（多くの場合は直接対面して）おこない、メインフレームのコンピュータの力すら借りずに、手作業で回答を集計した。

一方、いま私が三年前から使っているスマートフォンの処理能力は、一九五〇年代に世界中の大学が所有していたコンピュータをすべて合わせたよりも強力だ。それに、私がこの文章を書くために使っているノートパソコンは、世界中の何十億人もの人々とつながる手立てになりうるし、膨大な量のデータを分析するための無料のオープンソースのソフトウェアをハードドライブに保存することもできる。そうしたソフトウエアを活用すれば、二〇世紀半ばの統計専門家たちが目を丸くするようなスピードで、きわめて手軽にデータ分析をおこなえる。

私は、ジョージ・ギャラップのような世論調査専門家ではない。しかし、今日ではデータ収集と統計分析に使えるツールがきわめて強力になっており、コストも急速に低下している。そのため、専門家でなくてもギャラップと同じようなことができる。

人々がなにを後悔しているのかがまだ本当には理解できていないという問題意識に突き動かされて、私はそれを自分で明らかにしたいと考えた。そのために、私はある大手のソフトウェア・データ分析会社と協働し、その会社の委託を受けたいくつかの会社が調査対象者を集めた。これにより、これまでで最も規模が大きく、社会の幅広い層を代表させた調査が可能になった。

それが私たちの「アメリカ後悔プロジェクト」である。調査対象は四四八九人の成人。ジェンダー、年齢、人種、婚姻状態、居住地、所得、教育レベル別の構成は、アメリカの人口構成を反映させたものになっている。

この調査では、調査対象者に対して、人口動態上の属性に関わる七つの問いと、後悔に関する一八の問いを投げかけた（詳しくは www.danpink.com/surveyresults を参照）。その問いのひとつは次の問いだ。

後悔は人生の一部です。私たちは誰しも、もっと違う行動を取ればよかったとか、ある行動を取ればよかったとか、あんな行動は取らなければよかったと思うものです。

よくある後悔（2021年）

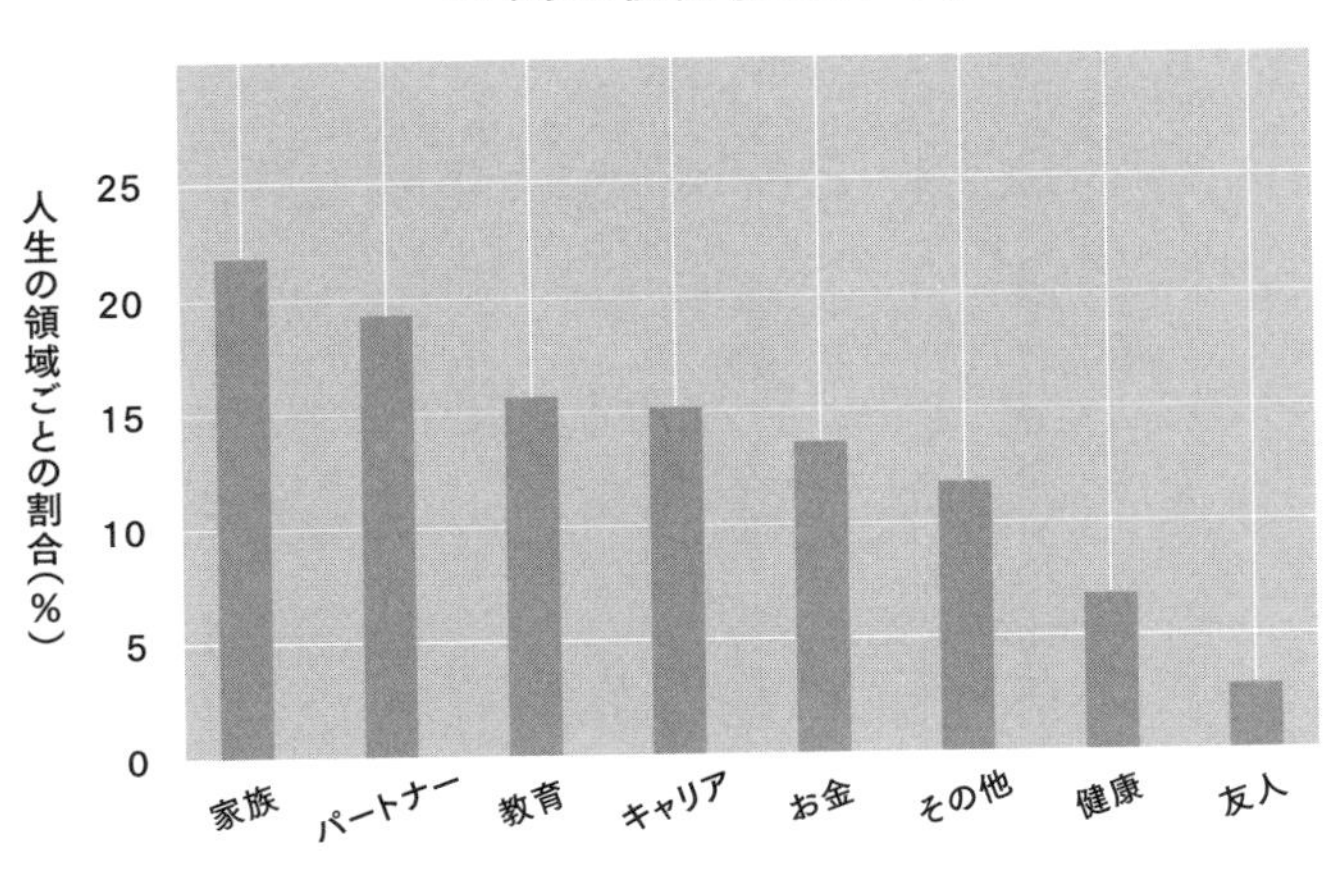

出典：Pink, Daniel, et al., American Regret Project(2021)

> あなた自身の人生を少し振り返ってみてください。そして、大きく後悔していることのひとつを選んで、それを二、三センテンスで説明してください。

すると、膨大な数の後悔が寄せられて、データベースに記録された。調査対象者たちには、みずからの後悔を八つのカテゴリー――キャリア、家族（親、子ども、孫）、パートナー（配偶者、恋人）、教育、健康、お金、友人、その他――に分類するよう求めた。このほかの問いの多くについては、ほかの章で取り上げる。

最も多かった後悔は、家族に関するものだった。二二%近くの人がこのカテゴリーの後悔を挙げた。二番目に多かったのは、パートナー関連の一九%。そのすぐあとに、教育、キャリア、お金の三分野が競り合っていた。健康と友人関係は下位だった。

これまでで最も規模が大きく、社会の幅広い層を代表させた調査により、明確な結論が見えてきた。

人々がいだいている後悔は、人生の特定の領域に集中しているというより、幅広い領域にわたっているのだ。人々は、家族、恋愛、キャリア、教育など、実にさまざまなことを後悔している。

それは、当然なのかもしれない。後悔は人間の本質的な要素であり、私たちは誰もが後悔をいだく。そして、私たちの人生はいくつもの領域にまたがっている。私たちは、親であり、息子や娘であり、夫や妻であり、誰かのパートナーであり、上司であり、部下であり、学生や生徒であり、消費者であり、投資家であり、市民であり、誰かの友人でもある。私たちがいだく後悔がさまざまな領域にわたるのは、当たり前のことなのだ。

それに、後悔は私たちをよりよい人間にする役割をもっている。それを通じて、意思決定の質が改善し、課題に対するパフォーマンスが向上し、人生の充実感が高まる。後悔にそのような機能があるのだとすれば、人生のさまざまな領域がこの感情の恩恵に浴してしかるべきだ。

しかし、これでもまだ十分に解明されたとは言えない。後悔という感情の一端に光を当てることはできたが、私が望んでいたのは、その全容を明らかにすることだった。データを再検討し、「ワールド後悔サーベイ」で世界中からさらに多くの人たちの後悔を集めたところ、期待したような結果が得られなかった理由が見えてきた。投げかけた問いは、間違っていなかった。問題は、答えを探す場所が間違っていたことだったのだ。

高校時代にバスケットボールをやっていたときは、ろくに練習もしなかったし、全力で打ち込むこともしませんでした。兄弟と比較されて、自分のほうが劣っていると明らかになることが怖かったのだと思う。でも、最終的には、自分が努力しなかったために、兄弟より劣る成績しか残せなかったのです。

——二四歳男性、ユタ州

実際よりも頭が悪く、アイデアが乏しい人間であるかのように振る舞っていました。まわりの人たちに迎合し、ほかの人たちの気分を害さないために。顧客との商談でもそのような態度を取り、あとで「あいつは取引先との商談で役に立たない」と言われていると知ったこともあります。

——三九歳女性、サウジアラビア

人種差別について、もっと早く、もっとたくさん学ぶべきだったと後悔しています。

——七八歳女性、ペンシルベニア州

第6章 私たちがいだく4つの主要な後悔

ケヴィン・ワンは、教育に関する後悔をいだいている。二〇一三年、ジョンズ・ホプキンズ大学で生物学を専攻していた四年生のとき、将来は医師になりたいと思っていた。父方と母方の四人の祖父母もすべて医師だった。大学の成績も文句なし。医学大学院に進むための最後のステップは、「医学大学院進学適性テスト（MCAT）」だけだった。

ところが、ぐずぐずといつまでも試験勉強に取りかからず、「試験で失敗し、医学大学院に入学できませんでした」と、それから一〇年近く経ってケヴィンは私に語った。いまニューヨークの病院で働いているが、患者の診療をおこなう医師ではなく、コストに目を光らせる事務職員の職に就いている。

一方、南カリフォルニアで暮らしているジョン・ウェルチズも、教育に関する後悔をいだいている。

大学ではクリエイティブ・ライティングを専攻していて、卒業が近づいてきたとき、大学院への進学を教授たちから勧められました。私の書く文章は優れていて、大学院で学べば得るものが多いはずだ、とのことでした。実際、大学主催の小説賞を受賞したことも二度ありました。

問題は、大学卒業の一カ月前に結婚を予定していたことです。新婚の人間が大学卒業後にすべきことは明らかに思えました。職に就くほかないと、私は考えました。

そこで、ジョンは自分の関心と恩師たちの助言に従わず、大学院への進学を見送った。代わりに、「逃げるようにして銀行に就職」し、「魂を吸い取られるような」コピーライターの業務を担当しているという。

アメリカの東海岸と西海岸で暮らす二人の男性がいだいている後悔は、とてもよく似ているように見えるだろう。二人とも、大学院に進学せず、大学院修了の先に待っているキャリアを追求しなかったことを後悔している。しかし、実際のところ、この二人がいだいている後悔はどの程度似ているのだろうか。

掘り下げて検討すると、ケヴィンは自分の将来を真剣に考えなかったことを後悔しているの対し、一方のジョンはリスクを取らなかったことを後悔している。そして、ケヴィンはまわりの人たちの期待に応えなかったことを後悔し、ジョンは自分に対して適切な期待をいだかなかったことを後悔している。ケヴィンの後悔は、まじめに行動しなかったことへの後悔、ジョンの後悔は、勇気をもって行動しなかったことへの後悔だ。

表面的には、二人の後悔は同じ領域に分類できるように見えるが、一皮めくると、後悔の根本原因は異なるのだ。

「ワールド後悔サーベイ」に寄せられた回答を分析していると、後悔という最も誤解されている感情について研究しているというより、大規模なオンライン懺悔会を主催しているような感覚にとらわれた。

たとえば、パートナーに関連する後悔を打ち明けた人が大勢いた。オーストラリアの六一歳の男性はこう述べた。

妻を裏切ったうえ、問題の原因が妻であると自分に言い聞かせて、身勝手な自己正当化をしたこと、それが私の最大の後悔です。

この告白が寄せられた数週間後には、カナダの三七歳の男性から回答が届いた。その人物の後悔は、友達に対する姿勢に関わるものだった。

後悔しているのは、子どもの頃、何人かの同級生をいじめたことです。いま思い返すと、恥ずかしさのあまり身震いします。あの頃に戻って、やり直せたらと思わずにいられません。

このあとほどなく回答を寄せたカリフォルニアの三七歳の男性は、こう打ち明けた。

生徒会の選挙でズルをしました。対立候補の友達が入れた投票用紙を抜き取ったのです。その生徒が私のライバルに投票するとわかっていたからです。そんなことをしなくても選挙には勝てていました。それゆえ、自分の品位を下げる行動を取ったことがいっそうみじめに感じられるのです。

三人の男性たちの後悔は、まるで異なる領域のものに見えるかもしれない。ひとりは妻との関係について、ひとりは子ども時代の振る舞いについて、ひとりは生徒会の選挙に関連して後悔をいだいている。けれども、この三人の後悔は、本当に大きく異なると言えるのだろうか。

三人に共通するのは、道徳に反する行動を取ったことを後悔していることだ。三人とも、人生のある瞬間にひとつの選択を迫られた。自分の大切にしている価値観に従うか、それともその価値観に反する行動を取るか、という選択だ。そして、そのとき、三人はいずれも過ちを犯した。その経験が記憶に深く刻み込まれている。表面だけ見ると、三人の男性たちの後悔は、人生の異なる領域から芽を出しているように見えるが、地中の根っこは同じなのだ。

表層構造と深層構造

言葉がわからない国を訪れたとき、その国の四歳児がうらやましくなった経験が誰しもあるだろう。私自身もそんな経験がある。

私は大人になってからスペイン語を学ぼうとしたことがある。しかし、学習は順調にはほど遠かった。不規則動詞の活用に苦労し、男性名詞と女性名詞の区別に手を焼き、形容詞の位置が英語と違うことに困惑した。ましてや、接続法なんて……。完全にお手上げ状態だった。ところが、スペイン語圏では、まだ小学生にもなっていない子どもたちがなんの苦労もなくスペイン語を話しているように見えた。

その理由を教えてくれたのが、言語学者ノーム・チョムスキーの著作だ。一九五〇年代後半まで、子どもは言語に関して「まっさらな白紙」の状態で生まれてきて、主としてまわりの大人をまねすることで言語を学ぶと、大半の科学者は考えていた。子どもが正しくまねできれば褒められて、間違えれば訂正される。そうした経験を重ねるにつれて、親が話す言語の回路が子どもの脳に刻まれていくというわけだ。

世界の国々でさまざまな言葉が話されていることが、この考え方が正しい証拠だとされていた。デンマーク語とドイツ語など、共通の歴史をもっている言語もあるが、すべての言語に共通する土台のようなものは存在しない、というのが定説になっていたのだ。

しかし、チョムスキーは一九五七年の著書『統辞構造論』（邦訳・岩波文庫）以降、こうした定説を覆していった。チョムスキーいわく、すべての言語は「深層構造」、すなわち人間の脳に組み込まれた普遍的な文法規則の上に築かれている。[1] 子どもは言葉を話すようになる過程で、単に物まねをしているのではなく、すでに脳の中に存在する文法の回路を活性化させているのだという。

要するに、言語は後天的に獲得するスキルではなく、生まれながらに備わっている能力だというのである。その意味で、子どもにとって、ベトナム語やクロアチア語を身につけるプロセスは、ベトナムやクロアチアで歩行することを学ぶプロセスとあまり違わない。言葉を学ぶことは、歩くことと同じように世界共通なのだ。

個々の言語による違いは確かにある。しかし、それはあくまでも「表層構造」の違いにすぎない。ヒンディー語、ポーランド語、スワヒリ語などはすべて、ひとつのひな型に基づく派生形なのである。すべての言語の土台には、共通の「深層構造」があると、チョムスキーは主張した。

こうした考え方は、言語学の研究に革命的変化を起こし、私たちの脳と精神に対する理解を大きく広げた。チョムスキーの主張には異論もある。左派的な政治観に反発した人たちもいた。しかし、チョムスキーが不朽の科学的業績を残したことは明白だ。その業績を通じて、世界のさまざまな言語の間には、類似点の陰に相違点が隠れていたり、相違点の陰に類似点が隠れていたりすることが知られるようになった。

チョムスキーが挙げている有名な例に、次のようなものがある。[2] 以下の二つの英語のセンテンスは、一見するとそっくりに見える。

John is eager to please.
John is easy to please.

両方とも五つの単語で構成されており、まず名詞、そのあとに動詞、そして形容詞、不定詞と続く。五つの単語のうち四つは、まったく同じ。残るひとつの単語も数文字しか違わない。しかし、これは表面だけ見た場合の話。この二つのセンテンスはまるで異なる。

前者では、ジョンが行為の主体であるのに対し（「ジョンは人を喜ばせようと懸命だ」）、後者では、ジョンが行為の客体になっている（「ジョンを喜ばせることは簡単だ」）。二つ目のセンテンスは、It is easy to please John. と言い換えても意味が通じるが、一つ目のセンテンスをIt is eager to please John. と言い換えようとしても意味を成さない。二つのセンテンスの表層構造は同じでも、そのことにあまり意味はない。深層構造が異なるからだ。

一方、次の二つのセンテンスは、一見するとまったく共通点がないように見える。

Ha-yoon went to the store.
하윤이는 그 자게에 갔다.

しかし、一皮めくると、いずれも、名詞（Ha-yoon、하윤이는）、と動詞（went、갔다）、そして前置詞句（to the store、그 자게에）で構成されている。表層構造は異なるが、深層構造は共通しているのである。

チョムスキーが示したように、一見すると複雑で無秩序に見えたとしても、それがすべてではない。世界で無数の言語がてんでんばらばらに不協和音を奏でているような印象をもつかもしれないが、根っこの部分では人類共通の同じ旋律が流れているのである。

考えてみれば、言語と同じように、後悔にも表層構造と深層構造があると言えそうだ。目につきやすい表面的な要素、つまり家族、教育、仕事などの人生の領域ごとの分類は、その根底に隠れている深層レベルの動機や願望に比べれば、まったく重要ではないのだ。

後悔の深層構造

膨大な数の後悔の体験談に目を通して、何度も読み返すのは、気が滅入る。それらを分類し、さらに分類し直す作業は、それに輪をかけてうんざりする。それでも、寄せられた回答を検討すると、いくつかの言葉が繰り返し登場することに気づいた。それらの言葉は、回答者の年齢や居住地、性別、記しているテーマに関係なく、頻繁に用いられていた。それは次のような言葉だ。

「勤勉に」「もっと安定した」「悪癖」
「思い切って」「自己主張」「探索」
「過ち」「正しくない」「よくないと知っていたのに」
「寂しい」「もっと時間を」「愛」

これらの言葉は、後悔の深層構造を理解する手がかりになる。いくつもの回答を見ていくと、途方もない数のドットによって構成される点描画が描き上げられる過程さながらに、少しずつ深層構造が明らかになってくるのだ。そうやって浮かび上がってきた後悔の深層レベルの実像は、すべての人の人生に関わるものであり、私たちの考え方と感じ方、そして生き方のあらゆる側面に関係している。

私が思うに、人間の後悔は、深層レベルでは四つのカテゴリーに分類できる。

＊基盤に関わる後悔　このカテゴリーに属する後悔は、表層レベルのほぼすべての領域で見られる。教育、お金、健康に関わる後悔の多くは、深層レベルにおける一種類の後悔が違う形を取って表面にあらわれているにすぎない。その深層レベルの後悔とは、責任感ある行動、まじめな行動、注意深い行動を取らなかったことに関わるものだ。

私たちは生きていくうえで、ある程度の基本的な安定を必要とする。肉体の健康と物質的安全が適度に確保されなければ、人生でほかの目標を思い描くことは難しい。ましてや、そうした目標を追求することはもっと難しくなる。

ところが、ときに、私たちの個々の選択がそうした長期的なニーズに反する結果を招くことがある。学校での勉強に気が進まず、早く教育をおしまいにしてしまったり、お金を使いすぎて、十分に貯蓄しなかったり、健康に悪い生活習慣を続けたりといったことだ。そのような意思決定により、人生の土台にほころびが生じ、望むような未来を迎えられなくなったとき、私たちは後悔をいだく。

＊勇気に関わる後悔　私たちが生きていくうえでは、安定した土台が不可欠だが、それだけでは十分でない。学術的研究および私自身の調査によって得られた強力な発見のひとつは、思い切った行動を取ったことよりも、思い切った行動を取らなかったことを後悔するケースのほうが多いというものだ。

ここでもやはり、それが表面上どの領域に関わるものか（教育か、仕事か、恋愛か）はあまり重要でない。私たちを苛むのは、「行動しなかった」という事実なのである。チャンスを生かさず、故郷の町から外に出たり、自分のビジネスを始めたり、真の愛を追いかけたり、世界を旅したりしなかったことは、いずれも同じように心残りであり続ける。

＊道徳に関わる後悔　たいていの人は、よい人間でありたいと思っている。しかし、現実には、道徳的に好ましくない行動を取ることへの誘惑に駆られる状況が少なからずある。そうした悪しき選択をした場合、ただちに罪悪感をいだくとは限らない（自分の行動を正当化しようという試みには、しばしばきわめて大きな威力があるので、注意が必要だ）。しかし、時間が経つにつれて、道徳的に好ましくない行動は、その人の精神を痛めつけるようになる。

ここでも、人生のどの領域でそうした行動を取るか（配偶者を裏切ることなのか、テストでカンニングをすることなのか、取引先を脅すことなのか）は、さほど大きな意味をもたない。それよりも、その行動そのものが問題なのだ。卑劣な行動を取ったり、善良とは言えない振る舞いをしたりすると、後悔の感情が生まれて、それが長引く場合がある。

＊つながりに関わる後悔　私たちの人生は、自分自身の行動によって方向づけられる。しかし、生きる目的を生み出すのはほかの人たちだ。この点を踏まえて行動しなかったために後悔するケースは非常に多い。配偶者やパートナー、親や子ども、きょうだいや友達やクラスメートや同僚たちとの関係が壊れたり、関係を築けずに終わったりしたことへの後悔は、深層レベルでは後悔の最も大きなカテゴリーだ。

つながりに関わる後悔は、自分を完全な存在にしてくれる人をないがしろにしたすべての局面で湧き上がってくる。そうした大切な人間関係が傷ついたり、消滅したり、あるいはそもそも生まれなかったりしたとき、私たちはのちのちまで喪失感をいだき続けるのだ。

以下の四つの章では、四つの深層構造レベルの後悔のカテゴリーをそれぞれ検討する。

基盤、勇気、道徳、つながりに関して世界中の人々が語った後悔の言葉を紹介したい。そうした大勢の声に注意深く耳を傾けると、聞こえてくるものがある。そこには、実りある人生を送るためになにが必要かについて、生き生きとしたハーモニーが流れているのだ。

私をレイプした男たちに強く立ち向かわなかったことを後悔しています。いまは、精神的にも肉体的にも強くなったので、あんなふうに私を傷つけることはけっして許しません。

――一九歳女性、テキサス州

一九六四年のことですが、大学のクラスメートからミシシッピ・フリーダム・サマー（訳注／この年、ミシシッピ州でアフリカ系アメリカ人の有権者登録を促進することを目指しておこなわれたボランティア運動）**に誘われたのにもかかわらず、断ったことを後悔しています。**

――七六歳男性、カリフォルニア州

情熱をいだける仕事や、心から楽しく思える仕事ではなく、お金のためのキャリアを選んでしまいました。アートを仕事にしても食べていけないと、母親に言われたためです。その結果、いま私はオフィスのデスクに縛りつけられて、官僚主義にがんじがらめになっています。自分の生気が枯渇しつつあるのがわかります。

――四五歳女性、ミネソタ州

第7章 基盤に関わる後悔

ジェイソン・ドレントは、一九九六年に高校を卒業した数日後、販売員として家電小売り大手のベスト・バイでフルタイムの職に就いた。ジェイソンは猛烈に働いた。すると、勤勉な姿勢はすぐに報われた。ほどなく会社の歴史上最年少でセールス・マネジャーに昇進し、数年後にはほかの小売り企業に引き抜かれた。新しい会社でも昇進を重ね、地区マネジャー、地域マネジャーを経て、幹部職に昇格して高給を受け取るまでに、時間はかからなかった。

その後、オハイオ州からイリノイ州へ、さらにはマサチューセッツ州、ミシガン州、そしてテネシー州と職場を移り、その都度、キャリアを前進させていった。四三歳の現在は、ある大手アパレルチェーンの本社で社内コミュニケーションの責任者を務めている。

あらゆる面で、見事なサクセスストーリーと言っていいだろう。一時期グループホームで暮らすなど、過酷な子ども時代を送った若者が、優れた頭脳と野心、そして忍耐力を武器にビジネス界でのし上がっていったのだ。

しかし、「ワールド後悔サーベイ」に寄せた回答によると、その人生は単純なサクセスストーリーの要素だけではなかったようだ。

働きはじめて以降、まじめに貯金してこなかったことを後悔しています。これまで二五年近く一生懸命働いてきたのに、その成果がお金の形で残っていないことを思うと、日々気持ちが沈みます。

ジェイソンは、輝かしい経歴をもっているにもかかわらず、蓄えがほとんどない。立派なキャリアを築いてきたのに、資産はほぼゼロなのだ。

ベスト・バイに就職してはじめて給料を受け取ったとき、「欲しいものはすぐに買うぞ」と心に決めた。取り立てて贅沢をしたわけではない。「日々のくだらない買い物が原因です」と、ジェイソンは私に語った。まずまずの車を買ったり、洋服を買ったり。「成功者」としてのプライドにより、友人たちとレストランで食事をするときは、いつも自分が支払った。それは気分がよかったという。

けれども、以前は喜びをもたらした日々の小さな選択の積み重ねが、いまは精神を苛む要因になっている。「振り返ると悲しくなります」と、ジェイソンは述べている。「本当なら、いまもっと蓄えがあってもよかったはずなのに」

＊＊＊

寓話作家のイソップは、実在を疑う研究者も多いが、大成功を収めた作家と言えるだろう。いわゆる「イソップ寓話」（イソップの名前を冠してはいるが、実際には長い年月の間に多くの人がつくった物語の総称である可能性が高い）は、紀元前五世紀頃までに出来上がったとされている。

この寓話集は、これまで二〇〇〇年以上にわたりベストセラーであり続けている。書店の児童書コーナーや、子どもを寝かしつけるときの読み聞かせでは、定番と言っていい。ポッドキャストや動画配信サービスの時代になっても、その人気には陰りが見えない。なにしろ、言葉を話す動物たちの物語を通じて人生の教訓を学べるのだから。

イソップ寓話のなかでいちばん有名なのは、「アリとキリギリス」の物語だろう。ストーリーは、一見するとシンプルだ。長い夏の間、キリギリスは、バイオリンを弾いたりして遊びほうけて過ごし、友達のアリをダンスパーティーなど、昆虫たちのどんちゃん騒ぎに誘おうとする。

しかし、アリはそうした誘いを断る。トウモロコシや小麦をせっせと巣穴に運び込むという骨の折れる仕事に精を出していたのだ。

やがて冬がやって来ると、キリギリスは自分の失敗に気づいた。暖を求めてバイオリンを抱きしめても寒さはしのげず、やがて食べるものがなくなり、死んでしまった。

一方、アリとその家族は、貯めておいた食料をたっぷり食べて、幸せに冬を過ごすことができた。すべては、アリが先のことをしっかり考えて、夏の間に食べ物を蓄えていたおかげだった。

私はジェイソンとの会話で、イソップ寓話のキリギリスを連想したと伝えた。すると、ジェイソンは悲しげに言った。「私はしっかり準備することをまったくしませんでした」。人生の夏のような日々に、「『気にしない、気にしない！』と軽率に言い放ち、遊びほうけていたのです」。そうやって、「二五年間にわたり、バイオリンを弾き続けたのです」

＊＊＊

深層レベルにおける四種類の後悔のうちのひとつは、私が「基盤に関わる後悔」と呼んでいるものだ。

基盤に関わる後悔は、先見の明を欠き、まじめに行動しなかったことが原因で生まれる。ほかの三種類と同様、この後悔も本人の選択から始まる。私たちは、人生でたびたび選択を迫られる。片方の道は、いわばアリの道。短期的には犠牲を払わなくてはならないが、長い目で見れば報われる。もう片方は、キリギリスの道。短期的には努力や勤勉を求められないが、長い目で見ればツケを払わされる可能性がある。

この岐路で、私たちはしばしばキリギリスの道を選んでしまう。

お金を浪費しすぎて、十分に貯金をしない。暴飲暴食に走り、定期的に体を動かしたり、適切な食生活を送ったりしない。学校や家庭や職場で、しぶしぶ最小限の努力しかしない。こうした選択を重ねることの影響は、すぐにすべて明らかになるわけではない。しかし、時間が経つにつれて、少しずつ全容が見えてくる。その影響は、やがて無視できないほど大きくなり、しまいには取り返しがつかなくなる。
基盤に関わる後悔は、「もしやるべきことを正しくやっていたら……」という思いと言っていいだろう。

「遅延価値割引」の落とし穴

基盤に関わる後悔は、抗しがたい誘惑に屈することから始まり、否定しようのない論理を突きつけられることで完成する。カナダのアルバータ州の女性が寄せた後悔は、その典型と言えるだろう。この女性は、イソップ寓話のキリギリスさながらの後悔を語っている。

長年、自分の健康を大切にしなかったことを後悔しています。体に悪いことばかりして、健康を守るためのことをあまりしなかったのです。それに、老後に向けた蓄えもしてきませんでした。その結果、六二歳のいま、私は健康を害し、資産もまったくありません。

「アリとキリギリス」の物語は、たいてい教訓話として読まれている。しかし、これは、人間の認知機能のあり方を描き出す物語としても読める。冬に向けて食料を貯めるのではなく、夏の間ずっと遊びほうけていたキリギリスは、経済学者が言うところの「遅延価値

遅延価値割引

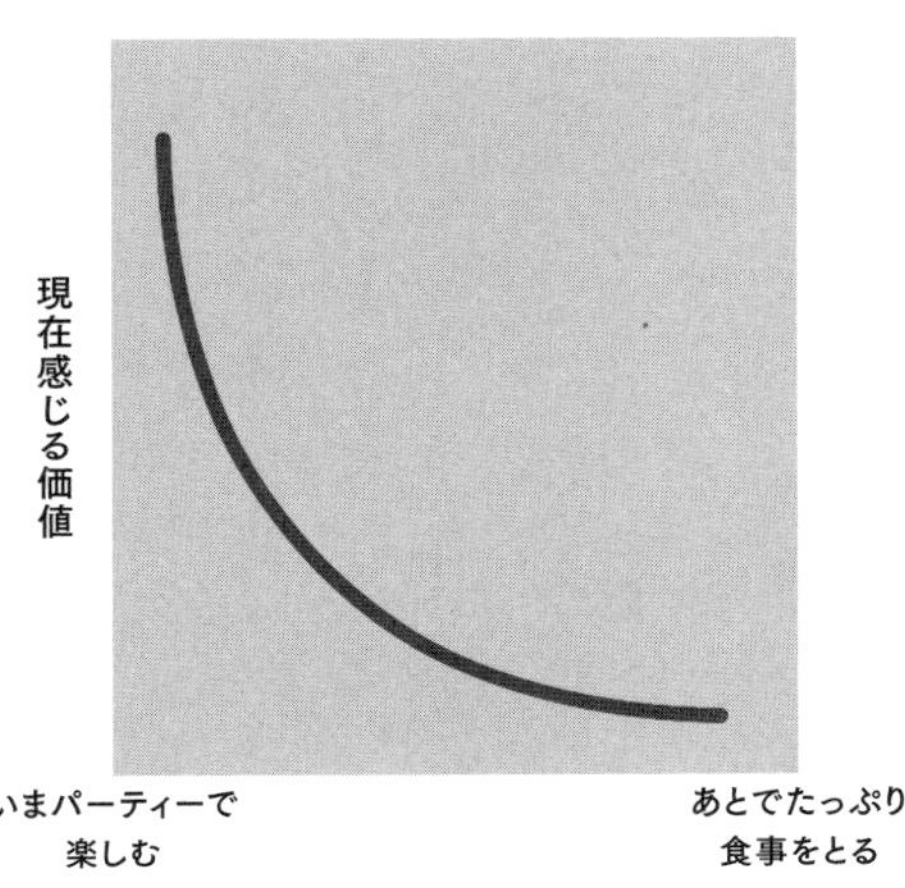

割引」の落とし穴にはまっていた。[1]現在の価値を過大評価し、将来の価値を過小評価して（つまり、割り引いて考えて）いたのである。このバイアスに思考を支配されると、私たちはしばしば将来に後悔するような意思決定をしてしまう。

この点を伝えるためにイソップは寓話を用いたが、シンプルなグラフによっても、同様の内容を明晰に表現できる。

キリギリスは、あとでたっぷり食事をとることより、いまパーティーで楽しむことを優先して行動した。カナダの六二歳の女性も、高齢になってから健康で充足した人生を送ることよりも、若いときに目先の満足を味わうことを優先させた。ジェイソン・ドレントは、若い頃に得ていた給料のおかげで自分が「無敵」になったように感じ、遠い未来のことが見えなくなってしまったと語っている。

「アメリカ後悔プロジェクト」と「ワールド後悔サーベイ」の回答者たちは、遅延価値割引の落とし穴に陥った経験を、若い頃の過剰な行動を悔いる言葉で表現している。アーカンソー州の三一歳の男性はこう述べている。

二〇代前半の頃、お酒を飲みすぎました。しまいには飲酒運転で逮捕されて、軍に入隊するという人生計画もぶち壊しになりました。

アイルランドの四五歳の女性はこう述べている。

若い頃、もっと自分を大切にすればよかったと思っています。飲みすぎだったし、たばこの量も多すぎた。それに、いろいろな男と寝すぎました。

バージニア州の四九歳の男性はこんな回答を寄せた。

大学時代、もっとまじめに勉強すればよかったと後悔しています。将来のことを考えるよりも、目の前の瞬間を楽しむことに時間を割きすぎました。

自分や他人が基盤に関わる後悔をいだいているかどうかを見わけるためには、「〜〜しすぎた」といった類いの言葉に注目すればいい。お酒を飲みすぎた、コンピュータゲームをやりすぎた、テレビを長時間見すぎた、お金を使いすぎた……。将来の恩恵よりも目先の誘惑に負けて行動してしまったのだ。

また、「〜〜しなすぎた」という言葉にも注目すべきだ。学校で勉強しなすぎた、貯金をしなすぎた、スポーツや楽器の練習をしなすぎた……。十分にこつこつと努力しなかったのだ。たとえば、大学スポーツの選手を対象にした研究によると、選手たちが挙げた最大の後悔は、食べすぎたことと、睡眠と練習の時間を十分に取らなかったことだった。[2] 問題は、遅延価値割引だけではない。基盤に関わる後悔には、時間にまつわる問題がもうひとつ関係している。

後悔のなかには、行動の直後に痛みを感じるものもある。たとえば、制限速度を大きく上回るスピードで車を走らせて、ほかの車と衝突すれば、その意思決定の結果はただちに生じ、すぐに後悔することになる。愛車はポンコツになり、腰が痛くなり、一日が無駄になる。しかし、基盤に関わる後悔は違う。衝撃的な事件により、強烈な感情に襲われるわけではない。この種の後悔は、それとは異なるペースで痛感するようになる。

アーネスト・ヘミングウェイの一九二六年の小説『日はまた昇る』の一三章で、主人公ジェイク・バーンズの友人たちがスペインのパンプローナに集い、一緒に酒を飲む。そのとき、スコットランド出身のマイク・キャンベルが最近破産したと打ち明ける。

「どうやって、そんなことに？」と、アメリカ人のビル・ゴートンが尋ねる。

「その答えは二つだ」と、キャンベルは言う。「ゆっくりと、そして突然に、だ」[3]

人が基盤に関わる後悔をいだくプロセスも、これと似ている。健康、教育、お金に関わるひとつひとつの判断ミスは、すぐに決定的な打撃をもたらすわけではない。しかし、お粗末な意思決定が少しずつ積み重なり、あるとき、巨大な竜巻のような破壊力が生まれる。そう、ゆっくりと、そして突然に。問題に気づいたときには、もう手の施しようがなくなっている。

気づいたときには手遅れだったものごとについての後悔を語る際に人々が用いる言葉は、共通している。たとえば、フロリダ州の六一歳の男性は、（本人にはそのつもりはなかっただろうが）ヘミングウェイを思わせる簡潔な言葉でこう述べている。


若い頃の貯蓄不足。複利の効果。

オーストラリアの四六歳の人物は言う。

もっと若いときに、別の分野を選んで、もっと真剣に努力すべきだったと思っています。そうすれば、人生を通じて、複利の効果を得ることができたでしょう。

ミシガン州の三三歳の男性はこう打ち明けた。

もっとたくさん本を読めばよかったと、後悔しています。いまは、読書の価値をよく知っています。一〇年前、一五年前に読書を始めていれば、どれほど大きな複利効果があっただろうかと、思わずにいられません。

複利の効果はきわめて強力だ。しかし、私たちはキリギリス的な思考に浸っているために、この概念を十分に理解できない。

たとえば、あなたがある選択を求められているとしよう。選択肢は二つにひとつ。ひとつの選択肢は、今日、一〇〇万ドルを受け取るというもの。もうひとつの選択肢は、今日、一セントを受け取り、そのお金を向こう一カ月にわたり、毎日二倍に増やしてもらえるというものだ。

実験によると、ほとんどの人は、一〇〇万ドルを受け取るほうを選ぶ。[4] 最初の三週間半の間は、その選択が賢明だったように見える。しかし、その後数日で状況は一変する。三

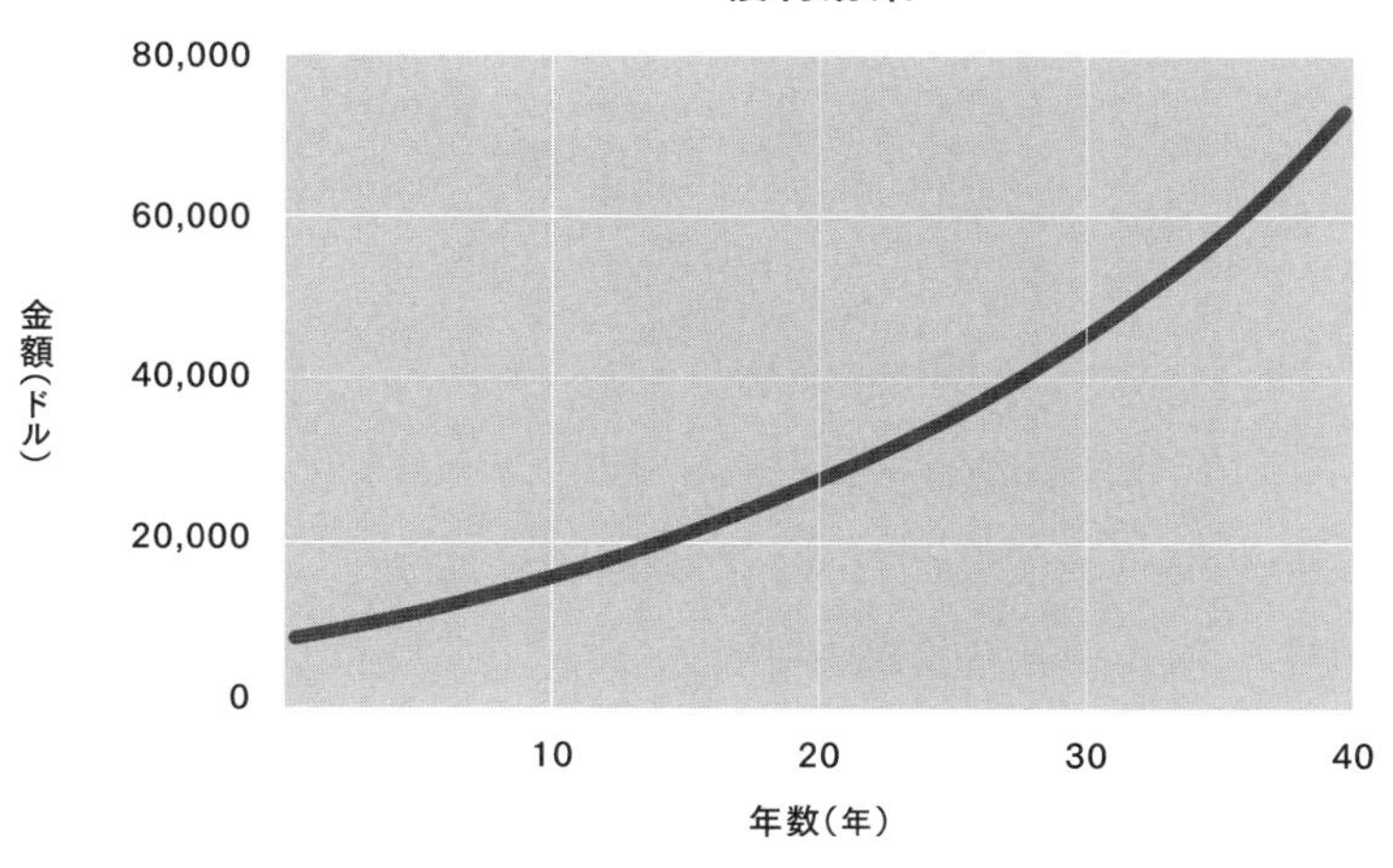

〇日目には、一セントのお金が五〇〇万ドルを超えているのだ。

これが複利の効果だ。複利効果については、上のグラフで説明できる。お気づきのように、このグラフは先ほどの遅延価値割引のグラフの鏡映しだ。

五％の複利で一万ドルを投資する場合、一〇年後には、資産は六五〇〇ドル近く増えている。二〇年後には、資産は最初の三倍近くになる。三〇年後には、四万四六〇〇ドルを超す。はじめに投資した金額の四倍を軽く上回る計算だ。

最初のうちは、それほどお金が増えるようには感じられない。しかし、次第に資産の増加ペースが加速し、やがて爆発的に増加しはじめる。これは、ファイナンスの分野だけに限った話ではない。食事、運動、勉強、読書、勤労に関する小さな選択は、長い目で見ると、きわめて大きな恩恵（もしくは害）をもたらすのだ。

脳は私たちに二重の罠を仕掛けている。まず、現在を過大評価し、未来を過小評価する落とし穴に私たちを誘い込む。そのうえで、自分の選択の影響が複利効果で雪だるま式に膨れ上がっていくことを見落とさせる。この二つが重なり合うことにより、抜け出すのが難しい罠が生まれている。

基盤に関わる後悔は、避けることが難しいだけではない。このタイプの後悔をいだくと、それを解消することも難しい。

ジェイソンのようなお金の後悔の場合は、この点がとくに顕著だ。人々は、そのことをありありと語っている。カリフォルニア州の五五歳の女性は、後先考えずにお金に関する選択を重ねたために、莫大な借金をして「身動きが取れなくなってしまいました」と打ち明けた。インドの四六歳の男性は、資金面の土台がなかったために、「充実した人生を生きるゆとりがありませんでした」と語る。

ワシントン州の四七歳の女性は、「もっと貯蓄できたはずなのにと思うと、胃がむかむかしてくる。あまりに多くのものを失ってしまいました」と述べている。マサチューセッツ州の四六歳の女性は、「もっと早く、もっと上手にお金の管理をする方法を学ばなかった」ことを後悔している。「ほかの後悔のほとんどは、ことごとくこの問題に端を発しているように思えます」とのことだ。

基盤に関わる後悔を語る回答者は、あらゆる居住地や性別に等しく分布していたが、世代別では若い人より年長の人のほうが若干多かった。人生の土台の脆さが浮き彫りになるまでには、ある程度の時間がかかるからなのだろう。テネシー州の男性はこう述べている。

大学時代にもっとまじめに勉強すべきでした。もっとよい成績を取っていれば、もっとよい職に就けて、もっと早く、もっとたくさん稼げていたはずです。

この男性にとって、人生の安定の土台は、一九歳の時点では問題ないように見えた。しかし、二九歳のとき、その土台にヒビが入り、三九歳で土台がぐらつきはじめた。そして、四九歳の現在、人生の安定の土台が崩壊しつつあるように思えている。いま足元が危うくなっているのは、三〇年前にくだした、一見すると些細な決定が原因なのだ。

しかし、自分の犯した過ちが複利効果によって増幅した結果をまだ突きつけられていない世代の中にも、この種の後悔を打ち明ける人はいる。マレーシアの二五歳の女性は「もっと勉強しておけばよかった」と語り、インドの二五歳の女性は「大学時代にもっと勉強に励み、賢く時間を使うべきだったと思っています」と述べている。

多くの回答者は、人生の安定の土台を大切にしなかったことによる現実的な結果を悔いているだけでなく、それにより機会が失われたことを悲しんでもいた。ある四九歳の女性は、大学を卒業して二〇年以上経って、こう語っている。

大学で学べることのありがたさを理解し、もっとまじめに勉強して、もっとよい学位を取得していれば、と思わずにいられません。

同様のパターンは、健康に関わる意思決定でも見られる。乱れた食生活を送ったり、十分に運動しなかったりといった選択が積み重なれば、しまいには人生の安定の土台が揺らぐ。たとえば、「ワールド後悔サーベイ」に、喫煙していたこと、とりわけ若いときにたばこを吸っていたことへの後悔を寄せた人たちは、世界のあらゆる大陸にいた。南米コロンビアの三九歳の女性もそのひとりだ。

たばこを吸いすぎたと後悔しています。自分やまわりの人たちの健康に悪いとわかっていたのに。一日に一箱、ときにはそれ以上吸っていました。たばこを吸うことで、苛立ちや不安から逃れようとしていたのです。

メンタルヘルス関連では、基盤に関わる後悔の対象は、問題に気づかず、早い段階で手を打たなかったことである場合が多い。オレゴン州の四三歳の男性はこう述べている。

二〇代の頃、自分のメンタルヘルスを真剣に考えなかったことを後悔しています。その結果、自己肯定感を完全に失ってしまいました。

自分の心理的基盤の修復に乗り出した人たちも、もっと早く始めていればよかったと後悔している場合が多い。たとえば、アリゾナ州の四四歳の女性はこう述べている。

一〇〜一五年前に、よい心理療法士を見つけていれば、と後悔しています。

オレゴン州の五七歳のノンバイナリーの人物は、こんな言葉を寄せた。

二〇〇二年にはじめて抗鬱剤を処方されたときに服用しなかったことを後悔しています。ようやく飲みはじめたのは、二〇一〇年になってからでした。効果はてきめんでした。もっと早く飲んでいれば、八年間はまったく違った日々になっていたでしょう。

人生の基盤がそこなわれている状況に対処する手立ては、これらの後悔のひとつひとつの中に見いだせる。この種の後悔の本質は古代ギリシャの寓話でうまく説明できるが、対応策のひとつは中国の古いことわざが教えてくれる。「木を植えるのに最良の時期は二〇年前。二番目に好ましい時期は、いまこの瞬間だ」ということわざだ。やるべきことをやるほかないのである。

強力なバイアスを考慮しているか

基盤に関わる後悔は、次章以降で論じる三種類の後悔よりもややこしい点がある。すでに述べたように、後悔と落胆の違いは、結果に対する責任の有無だ。落胆は、人が自分ではコントロールできない要因で起きたことに対していだく感情である。朝起きて、妖精がプレゼントを置いておいてくれなかったことを知った子どもは、落胆はするけれど、後悔はしない。一方、後悔は自分の責任で起きたことに対していだく感情だ。親が朝起きて、子どもの枕の下の歯をプレゼントと入れ替えておくのを忘れたことに気づけば、後悔する。

しかし、健康や教育、お金などの問題では、本人の責任と外的要因の境界線はかならずしも明確でない。

あなたが太りすぎなのは、自分で選んだ食生活が原因なのか、それとも、ヘルシーな食生活について誰も教えてくれなかった、ましてやそのお手本を示してくれなかったことが原因なのか。あなたが老後の資金をほとんど蓄えられていないのは、軽率にお金を使いすぎたことが原因なのか、それとも学費ローンを背負った状態で職業生活に乗り出し、経済的なゆとりがほとんどなかったことが原因なのか。あなたが大学を中退したのは、あなたが不真面目だったことが原因なのか、それとも高校の学業レベルが低くて、難しい大学の授業についていくための学力を身につけさせてくれなかったことが原因なのか。

私たちがよくとらわれる認知バイアスのひとつは、「根本的な帰属の誤り」と呼ばれるものだ。これは、「スーパーバイアス」と呼んでも過言でないくらい強力なバイアスである。西洋人はとくに、ある人物がある行動を取った理由を説明しようとするとき、その人が置かれている状況ではなく、本人の性格や傾向に原因を求めすぎる。[5]

たとえば、高速道路を走っているとき、ほかの車が突然割り込んできたとする。そんなとき、私たちは反射的に、相手のドライバーの性格に問題があると判断する。その人物が病院へ急いでいたのではないかとは考えない。あるいは、プレゼンの最中におどおどしているように見える人物がいた場合、その人が生まれつき神経の細い人物なのだろうと考える。大勢の人の前で話した経験があまりないのだろうとは考えない。このように、私たちは人物に原因を求めすぎ、環境の影響を過剰に軽視する傾向があるのだ。

基盤に関わる後悔をいだいている人も、同様のバイアスに陥る場合がある。私たちは、自分自身のことにせよ、ほかの人のことにせよ、人生の安定の土台がそこなわれている原因を本人の選択に帰す傾向がある。

しかし、多くの場合、少なくとも部分的には、本人にはどうしようもない外的要因が関係している（＊注）。したがって、基盤に関わる後悔を解消したり、回避したりするには、その人自身を変えるだけでなく、その人が置かれている状況や周囲の環境を変える必要がある。ひとりひとりが人生の基盤に関して適切な選択ができるように、社会全体、地域コミュニティ、家庭など、あらゆるレベルで好ましい環境を整えなくてはならない。

いまジェイソン・ドレントは、まさにそのようなことを目指している。

キリギリスが教えてくれること

ジェイソンは現在の勤務先で、さまざまな社員向けプログラムを監督する役割を担っている。この会社には一〇〇〇人以上の営業部員がいて、その多くは若い人たちだ。いまジェイソンは、ベスト・バイでDVDプレーヤーを販売していたティーンエージャーの頃よりも強い使命感をもって仕事に取り組んでいる。「若い社員たちが人生の基本的なことにうまく対処する手助けをするのが、私の仕事です。人生の土台がお世辞にも強固とは言えないのは、私だけではありません」

ジェイソンは営業部員たちに、スキルと人脈をはぐくむこと、そして給料を受け取るたびに将来のためにいくらか貯蓄に回すことの重要性を説いている。そのために、計画を立てることの意義を説明し、具体的な方法を示している。また、自分自身もその助言に沿って行動しようと努めている。

「四三歳にもなって蓄えがほとんどないという自分の現状をありのままに話しています。（私が若かった頃に）もっと大勢の四三歳の人たちがこのように率直に話してくれていれば、と思わずにいられません」と、ジェイソンは言った。「そこで、いま私は若い人たちに、アリとキリギリスの寓話の教訓を伝えているのです」

深層レベルにおける四種類の後悔はすべて、背景に人間のいだくニーズがあり、そこに問題の解決策がある。基盤に関わる後悔の場合、背景にあるのは、安定した土台の上で人生を送りたいというニーズだ。私たちは誰でも、教育、お金、健康の基礎的な土台を必要としている。そのような土台があれば、精神的な不安が和らいで、機会を追求し、やり甲斐を求めて行動するための時間的・精神的ゆとりが生まれる。

＊注　この傾向は、貧困や欠乏に関わる問題でとくに目立つ。センディル・ムッライナタンとエルダー・シャフィールの著書『いつも「時間がない」あなたに』（邦訳・ハヤカワ文庫ＮＦ）によると、時間やお金や選択肢が不足している状況では、認知機能に大きな負荷がかかり、その結果として未来志向の賢明な意思決定をおこなうことが難しくなるという。

二五〇〇年前の寓話には、このタイプの後悔に関して重要な教訓が含まれている。将来のことを考えよう。やるべきことをやろう。それも、いますぐ始めよう。そして、自分自身と、まわりの人たちがキリギリスではなく、アリのように行動するよう促そう。

一三歳のとき、サックスをやめてしまいました。カッコ悪いと思ったのです。それから一〇年経って、当時の判断がとんだ間違いだったと感じています。

——二三歳男性、カリフォルニア州

働きはじめた頃は、一日一八時間、週に六日間働くことこそ、成功への道だと思っていました。現実には、結婚生活は破綻し、健康も大きくそこなってしまいました。

——六八歳男性、バージニア州

母親の前で結婚式を挙げなかったことを後悔しています。夫は軍隊に入っていて、母のいたオハイオ州から遠く離れたオクラホマ州で、急いで結婚しなくてはなりませんでした。母は重い病気を患っていて、その一カ月後に亡くなりました。娘の結婚式に立ち会うという喜びを味わわせてあげることもできたはずなのに、私は自分のことばかり考えて、そのための努力を払わなかったのです。

——五一歳女性、オハイオ州

第8章 勇気に関わる後悔

一九八一年の一一月、ブルースという二二歳のアメリカ人男性がフランスを旅していた。ある昼下がり、列車でフランス北部を目指していると、パリのある駅で若い女性が乗ってきて隣の席に座った。ブルースはフランス語をあまり話せなかったが、女性の英語はまずまず上手だった。二人の間で会話が始まった。

ブルースは、それまでヨーロッパで一年間過ごしていた。スウェーデンのある一家の家に滞在したあと、短期のアルバイトでお金を稼ぎ、ヒッチハイクでヨーロッパ大陸を横断した。そして、いまは鉄道で再びスウェーデンのストックホルムを目指していた。飛行機でアメリカに帰るためだ。このときは先を急いでいた。ヨーロッパ諸国の鉄道に乗り放題の周遊券の有効期限があと一日だったからだ。

隣の女性は、髪の色はブルネットで、年齢はおそらく一歳か二歳くらい年下に見えた。

ベルギー出身で、パリで住み込みの家政婦として働いているとのことだった。この日は、短い休暇を取って、ベルギーの小さな町に里帰りする途中だった。

二人はすぐに打ち解け、ほどなく笑い声も上がるようになった。単語当てゲームやクロスワードパズルを楽しんだりもした。いつの間にか二人は手を握り合っていた。

「ずっと昔から一緒にいるみたいな感覚でした」と、ブルースは最近私に語った。「あんなふうに感じたことは、そのあと一度もありません」

列車は走り続け、時間は飛ぶように過ぎていった。日付が変わろうとしていたとき、列車はベルギーのある駅に近づいていた。女性が立ち上がり、言った。「降りなきゃ」

「一緒に降りるよ！」と、ブルースは言った。

「あら、たいへん」と、女性は言った。「そんなことしたら、私が父に殺されちゃう！」

二人は一緒に通路を歩いて、列車の乗降口まで行き、そこでキスをした。ブルースは、紙切れに自分の名前とテキサス州の実家の住所を書きなぐり、それを女性に握らせた。列車のドアが開いた。女性がプラットフォームに降り、そしてドアが閉まった。

「私はしばらく呆然と立ち尽くしていました」と、いまは六〇代のブルースは言う（姓は明かさないでほしいとのことだった）。

席に戻ると、そばに座っていた乗客たちから口々に言われた。どうして一緒に降りなかったのか、と。

「だって、今日はじめて会ったんだよ！」と、ブルースは乗客たちに言った。女性の名前すら聞いていなかった。「ずっと前からお互いのことを知っていたような気がしていた」ので、わざわざ名前を聞こうと思わなかったのだろうと、ブルースは振り返っている。

ストックホルムからアメリカ行きの旅客機に乗ったのは、その翌日のことだった。

四〇年後、ブルースは「ワールド後悔サーベイ」に寄せた回答でこの出来事について記し、最後をこんな言葉で締めくくった。「その後、再会することはありませんでした。あのとき一緒に列車を降りていれば、とずっと思い続けてきました」

＊＊＊

基盤に関わる後悔は、しっかり計画を立ててそれに従って行動しなかったために、人生の安定の土台を築けなかったことが原因で生まれる。勇気に関わる後悔は、それとは対照的なものと言えるだろう。

このタイプの後悔は、人生の土台を存分に活用し、いわばそれを足場にして跳躍して、より豊かな人生を送ろうとしなかったことが原因で生まれる。いくつもの意思決定や不決断の積み重ねによりその状況が生じる場合もあれば、一回の出来事によりその状況が生じる場合もある。いずれの場合も、その意思決定の際に私たちが突きつけられる問いは同じだ。無難に行動するか、それとも思い切った行動を取るか、という問いである。

勇気に関わる後悔をいだくのは、そうした決断を迫られたときに無難な道を選んだ人たちだ。その選択をおこなった時点では、それによって安心感をいだけるかもしれない。なにしろ、もうひとつの道は、あまりに大きな変化を伴い、あまりに現状を激しく揺さぶり、あまりに試練が手ごわい。要するに、求められる行動が難しすぎるように思えるのだ。しかし、無難な道を選んだ結果、もっと勇気を奮って行動していれば、もっと充実した人生を送れたのではないかという反実仮想に苦しめられる。

勇気に関わる後悔は、「もしあのときリスクを取って行動していたら……」という思いと言えるだろう。

言いたいことをきっぱり言う

勇気に関わる後悔はたいてい、言葉を発しなかった経験から生まれる。コネティカット州の消費者金融会社でマネジャーを務める三二歳のザック・ハッセルバースは、「ワールド後悔サーベイ」に対してこう述べている。

まわりの人たちの目を恐れて、高校時代にあまり社交的に振る舞いませんでした。勇気を奮い起こせず、内気すぎたことを後悔しています。

「あの頃は、まわりから拒絶されればこの世の終わりだというくらいに思っていました」と、ザックは振り返っている。「ノーと言われれば、もう絶望だと感じていたのです」

そこで、なるべく目立たないようにし、けっして発言しすぎないように気をつけ、めったに自分の存在をアピールしなかった。その後、大学時代にもっと勇気あるルームメイトと巡り合い、高校時代に染みついた行動パターンのいくつかを捨てることができた。しかし、数々の機会を失ってきたこと、そしてもっと自分がみんなの役に立てたはずだったことを考えると、自分を責めずにいられないのだ。

回答者の何人かは、ほぼ同じ表現で自分の後悔について語っている。たとえば、カナダのブリティッシュコロンビア州の三五歳の男性が語った後悔は、「恋愛でも、学校でも、家庭でも、仕事でも……自己主張する習慣を身につけられなかったこと」だった。こうしたことを「自分の声を恐れていた」という言葉で表現した人もいた。あらゆる国のあらゆる年齢層の大勢の人たちが「内向的すぎた」ことへの後悔を語っている。

内向性と外向性というのは、やや複雑なテーマだ。その理由のひとつは、一般的な通念と科学的な知見がしばしば食い違うことにある。一般的な考え方によれば、人は内向的な人と外向的な人のいずれかにわかれると思われている。こうした考え方は、「マイヤーズ・ブリッグズ・タイプ指標（MBTI）」などの性格診断ツールによって強化されている。
しかし、一〇〇年前からこのテーマに取り組んでいるパーソナリティ心理学の分野では、大半の人間が両方の側面をあわせもっているとかなり前に結論づけている。実際、内向性と外向性はきれいに二分できるものではない。それは、程度の違いと考えたほうがいい。人口の約三分の二は、両者の中間に位置しているのだ。[1]

もっとも、定量的な「アメリカ後悔プロジェクト」でも定性的な「ワールド後悔サーベイ」でも、外向的すぎたことへの後悔を口にする人はほとんどいなかった。一方、多くの人が内向的すぎたことへの後悔を語っている。

たとえば、カリフォルニア州の男性は、「自分の内向的な性格を口実にして」学校の教室や職場で、さらには「スポーツの試合」でも「自己主張を避けてきた」ことを後悔していると述べた。

バージニア州の四八歳の女性はこう述べている。

恥ずかしがり屋で内向的なために……いわば大きな市場に身を置くことを避けてきました。いま暮らしている場所よりも、就職の機会やさまざまな活動の機会、恋愛の機会が多い土地に出ていこうとしなかったのです。そのことを後悔しています。

イギリスの五三歳の男性はこんな言葉を寄せた。

青年時代に内気で礼儀正しく行動しすぎたことを後悔しています。いつも安全な道を選び、ほかの人を怒らせないようにしてきました。もっとリスクを取って行動し、もっと自己主張して、もっといろいろな経験をできたと思うのです。

私自身は、絵に描いたような両向型の人間、つまり内向的な面と外向的な面をあわせもっている人間だ。物静かな人と一緒にいることを好み、西洋文化における「外向性礼賛」の風潮を批判する人たちに外野から拍手喝采してきた。

しかし、研究によると、少し外向性を発揮するためにいくらか努力することは、好ましい効果を生む場合がある。たとえば、セス・マーゴリスとソニア・リュボミアスキーの研究では、実験参加者たちに一週間、外向的な性格の持ち主のように振る舞うよう求めると、その人たちの幸福度が明らかに向上したという[2]。

実際、不安を乗り越えて、少しでも思い切った行動を取るようにしたところ、人生が大きく変わったと語る人も多い。ノースカロライナ州の五六歳の女性もそのひとりだ。

子どもが生まれて、子どもたちのために主張するようになるまでは、自分の言いたいことを見つけようとしませんでした。とくに学校では、なるべく発言しないようにしていました。いじめっ子や意地悪な同級生がいたためです。その頃は、どのように自己主張すればいいのかもわかっていませんでした。あんなに大人しくしなければよかったのに、といまでは思います。

思い切って行動を起こす

ブルースは列車での出会いの数カ月後、テキサス州のカレッジステーションという町で暮らしていた。そこへ、実家の母親から一通の手紙が転送されてきた。フランスの切手が貼ってあり、パリの消印が押してある。開けてみると、一枚の紙にぎっしりと滑らかな手書きの文字がつづられていた。

英語の文章は完璧とは言えず、もしかするとそれが原因で、書き手の感情は読み取りづらかった。そこに、女性の名前は記されていた。「サンドラ」とのことだった。しかし、それ以上の情報はほとんど書かれていなかった。

「普通じゃないかもしれないけれど、あなたのことを考えると、思わずほほ笑みがこぼれてしまいます」と、サンドラは書いていた。「私がどんなふうに感じているかは、私のことをよく知らなくても、あなたならわかってくれると思います」

やさしい言葉が並んでいるように思えた。ただし、締めくくりの言葉は奇妙に紋切り型のものだった。「よい一日を!」。サンドラの姓は書かれておらず、返信先の住所も記されていなかった。

当時は、一九八〇年代前半。インターネット以前の時代だ。サンドラと連絡を取る手立ては途絶えた。ブルースにとっては、扉が開いたと思いきや、また閉ざされてしまったのである。

ブルースは、サンドラの連絡先を突き止めようとせず、そのまま手紙を捨てることに決めた。

「手紙をとっておかないことにしました」と、ブルースは私に語った。「もっていると、いつまでもくよくよ考えてしまうので」

勇気に関わる後悔がもたらす痛みは、「もし〜〜していたら、どうなっていただろう」という心の痛みだ。トーマス・ギロヴィッチ、ヴィクトリア・メドヴェクらの研究では、人は行動したことを後悔するより、行動しなかったことを後悔する場合が多いという結果が繰り返し明らかになっている。とくに、長期間に及ぶ後悔にはこのタイプのものが多い。「行動しなかったことに対する後悔は……行動したことに対する後悔よりも、長く尾を引く」と、ギロヴィッチとメドヴェクは初期の論文で記している。[3]

「アメリカ後悔プロジェクト」の回答でも、行動しなかったことへの後悔が行動したことへの後悔の二倍近くに上っている。また、別の調査によると、中国、日本、ロシアなど、個人主義的傾向が比較的弱い社会でも、行動しなかったことへの後悔のほうが目立つという。[4]

その主たる理由は、行動した場合、結果が明らかになるという点にある。結果がわかっているので、後悔の感情が続く期間が短くて済むのだ。一方、列車から降りなかったブルースのように、行動しなかった場合は、その後どうなったかは想像するほかない。「行動しなかったことに対する後悔は、行動したことに対する後悔よりも、生々しく、現在進行形で未完成の性格が強いため、意識に上る頻度も高い」と、ギロヴィッチとメドヴェクは記している。[5]

アメリカの詩人オグデン・ナッシュは、行動したことへの後悔と行動しなかったことへの後悔の違いについて、長い詩を書いている。[6]

あなたの皮膚の内側に後悔の種子を埋め込むもの
それは二つ目の種類の罪、すなわち行動しないことの罪である

行動したことの結果は、具体的で限定的だ。それに対し、行動しなかったことの結果は、漠然としていて非限定的なものにならざるをえない。行動しなかったという経験は、私た

ちの皮膚の内側に後悔の種子を埋め込むことにより、終わりのない推測を生むのだ。

勇気に関わる後悔が恋愛の領域でしばしば見られる理由も、これで説明がつく。私の調査に対しても、そのような後悔が非常に多く寄せられた。それこそ、回答者の中で恋愛に関して類似の後悔をもっている人同士を引き合わせる「後悔版マッチングアプリ」をつくれそうなくらいだ。アイルランドの三七歳の男性はこう述べている。

大学時代に、人生でいちばん魅力的な女性と巡り合いました。でも、勇気がなくてデートに誘えずじまいでした。

オクラホマ州の六一歳の女性はこう打ち明けている。

四五年間ずっと好きだった人に電話できませんでした。

カリフォルニア州の六五歳の男性が寄せた後悔は、このようなものだった。

デートに誘えませんでした。もし誘っていたら、人生が変わっていたでしょう。

勇気に関わる後悔が長引くのは、反実仮想で思い描ける可能性の幅がきわめて広いからだ。あの一一月の日、もしブルースがサンドラと一緒に列車を降りていたら、どうなっていただろう?

もしかすると、短い冬のロマンスで終わっていたかもしれない。あるいは、アメリカに帰国することなく、そのままヨーロッパを生活の拠点にしていたかもしれない。ひょっとすると、ベルギー人女性とアメリカ人男性の間に生まれた子どもたちが、両親の偶然の出会いについての甘ったるい昔話を繰り返し聞かされてうんざりしていたかもしれない。

勇気に関わる後悔すべての核を成すのは、成長の機会がそこなわれた経験だ。「なれたかもしれない自分」――もっと幸せで、もっと勇気があり、もっと進化した自分――になれずじまいだったこと。限りある人生の中でいくつかの重要な目標を達成できなかったこと。そうしたことに後悔を感じるのだ。

この種の後悔が生まれやすい領域としては、仕事の分野も挙げることができる。大半の人は、眠っていない時間の半分以上を仕事に費やしているからだ。南アフリカの三三歳の女性が記した内容は、ほかの多くの人たちの声を代弁するものと言えるだろう。

いま後悔しているのは、キャリアの初期にもっと勇気をもって大胆に行動しなかったことです。ほかの人たちにどう思われるかを気にしすぎていました。

前出のザック・ハッセルバースは、ニューヨーク州の州都オールバニで育った子ども時代を振り返っている。「オールバニでは、州内で就職して働き、引退し、年金を受け取って生活し、いずれ死ぬという人生が当たり前でした」

そうした勝手のわかった世界にとどまり、そこから外に出ずに生きることは、つねに容易だった。それに対し、不確実な世界に足を踏み出すことはもっと難しかった。ザックの父親もあまり冒険しないタイプだったが、息子には、自分とは異なる生き方をするよう言い聞かせていた――「無難な道を選ぶな」と。

実際、キャリアで安全策を選んだ人はしばしば、中年期になって過去を振り返ったとき、もっと別の生き方をすべきだったと考える。ペンシルベニア州の五六歳の男性は、「一四年前に、この会社では満足できないと気づいていたのに、会社を辞めなかった」ことを後悔している。イギリスの五三歳の男性は、「無難な職に長くとどまらずに、もっと早く、自分の本能に従い、もっと自分の核を成す価値観に沿った仕事に就くべきでした」と語っている。

オレゴン州の五四歳の女性は、「三〇代後半の頃にもっと勇気を出して、新しい土地で働けばよかった」と悔やんでいる。この女性は、自分の後悔をひとつの言葉に集約して表現した。「腰を落ち着けすぎました」

勇気に関わる後悔で非常によく見られたのは、自分のビジネスを立ち上げなかったことを悔やむ言葉だ。ニコル・セレーナは、大手製薬企業で長年働いたあと、カナダのトロント近郊で会社を設立した。コンサルティングと研修を手掛ける会社だ。後悔しているのは、もっと早く会社をつくらなかったことだ。

同様のことを述べている人は、ほかにもいる。「もっと早い時期に、もっと思い切って行動すべきだったと思っています」と述べたのは、あるカリフォルニア州の起業家だ。「最後には会社を設立したけれど、権威ある人たちの言葉に耳を傾けて時間を無駄にしてしまいました」

一方、自分のビジネスを始めたものの、廃業に追い込まれた人たちの中には、リスクの大きすぎる行動を取ったことを悔いている人も何人かいた。知識やスキルが不足していたり、起業を甘く見ていたりしたことが失敗の原因だったと、そうした人たちは述べている。しかし、このような回答を寄せた人たちは圧倒的に少数派だ。思い切って挑戦しなかったことを後悔している人のほうがはるかに多い。

挫折を経験した人のなかには、もう一度挑戦したいと言う人も少なくない。たとえば、一九九七年、インターネットが普及しはじめたばかりの頃に、ダグ・ランダーズは、フロリダ州中部でウェブ・トレーニング会社を設立した。この新しい会社は「数年間生き延びたけれど、潰れてしまった」という。

そのとき私は、いわば馬から落ちて痛い思いをしたことで、自分は乗馬に向いていないと決めつけてしまいました。その後二〇年にわたり、ほかの人たちが馬で通ったあとを歩いていた。いまは、再び馬に乗ろうとしなかったことを悔いています。五七歳になったいまも、どうすればそれができるのかと考えています。

私の調査への回答を見ると、私生活の領域でも、リスクを伴う行動を取らなかったために成長を遂げられなかったことを後悔している人が大勢いた。そうした人たちは、ほかの目的を達成する手段として成長したいというだけでなく、成長すること自体に価値を見いだしている場合も多い。

たとえば、せっかくの機会に旅行しなかったことを最大の後悔として挙げている人が何百人もいた。同じことを後悔している人同士の恋人マッチングアプリのほかに、旅行しなかったことを後悔している人向けの旅行サイトも立ち上げられそうだ（その場合は、海外留学しなかったことを後悔している人たちのためのサービスも忘れるわけにいかない）。

「私が最も後悔を感じてきたのは、まずい行動や愚かな行動を取ったことではなく、行動しなかったことです」と、オーストラリアのアデレードで暮らすジェマ・ウェストは述べている。

最大の後悔は、一八歳のときにヨーロッパでバックパッカーの旅をしなかったことです。怖くて二の足を踏んだのです。でも、そうした旅を経験することは、オーストラリアの若者にとっては人生の重要な通過儀礼。私のいちばんの親友は、ほかの人とその旅に行きました。

ユタ州の四七歳の男性はこう述べている。

若い頃にもっと旅をしなかったことを後悔しています。住宅ローンを抱え、子どもができ、「本物の仕事」に就くなど、大人としての責任の数々を背負うようになる前に、旅に出ればよかった。いまは、そんな自由はもうありません。

オハイオ州の四八歳の男性はこう打ち明けた。

もっと冒険しなかったことを後悔しています……旅をしたり、探索したり、世界をもっと経験したりすることに時間を割かなかったのです。落胆したくないという思いに支配されていたことに加えて、周囲の期待を自分の希望よりも優先させた結果でした。私はいつも言ってみれば「よき兵隊」としての役割を果たし、まわりの人たちを満足させるよう努めてきました。これまでの人生には満足しています。でも、ほかの人たちに話せるような経験をもう少ししたかった。いつの日かきっと……。

勇気に関わる後悔は、このオハイオ州の男性のように、もっと探索の機会をもてばよかったと悔いるものである場合が多い。そのなかには、自分の内面を探索しなかったことへの後悔も含まれる。人が本当の自分であるためには、勇気が欠かせない。そして、本当の自分でいられなくなれば、その人の成長は止まる。

この点をくっきり浮き彫りにしているのが、世界中の何十人もの人たちが私の調査に対して用いた言葉だ。それは、「自分に誠実でなかった」という言葉である。

自分のアイデンティティを表明した人がそれを後悔することはほとんどない。これは、社会で主流の文化とぶつかるアイデンティティをもっている人たちにも言えることだ。それに対し、自分のアイデンティティを隠した人は、自分が人生を満喫する機会を否定してしまったと感じることが多い。

たとえば、カリフォルニア州の五三歳の人物はこう述べている。

同性愛者男性であるともっと早く公表しなかったことを後悔しています。それを公表しなかったことで、私の振る舞い方、仕事のパフォーマンス、同僚との絆の強さが影響を受けたことは間違いありません。

マサチューセッツ州の五〇歳の女性はこんな回答を寄せた。

私はマイノリティの女性です。アメリカへは移民としてやって来ました。ほかの人たちが私の英語の発音や肌の色、文化を笑いものにしたとき、堂々と抗議したり、相手の誤りを正したりしなかったことを後悔しています。

ニューヨーク市の三六歳の人物はこう打ち明けた。

若いとき、自分がレズビアンであることを両親に打ち明けなかったことを後悔しています。長い間、異性愛者のふりをしていました。女性が好きなのだと、世界に向けて言うことができなかったのです。

ときに、最も勇気ある行動は、たとえほかの人たちの間で波紋を呼ぶことになっても、自分にとって新しい道を切り開くために声を上げることなのかもしれない。

列車と旅客機と自己実現

実は、ブルースはサンドラの手紙を捨てていなかった。そうするつもりではいた。というより、自分でも捨てたものと思っていた。けれども、私との会話のあと、古い箱を調べると、紙の束の中から見つかったという。その手紙を見るのは、四〇年ぶりだった。

「サンドラの手書きの文字を見て、記憶がよみがえってきました」と、ブルースは私に語った。その丸っこい文字は「列車のなかで言葉当てゲームをしたときに見たまま」に思えたという。ブルースはその手紙をスキャンして、私に送ってくれた。

しかし、妻には手紙を見せていないという。ブルースは一九八〇年代半ばに結婚し、二人の子どもをもうけた。子どもたちはもう成人している。妻には、フランスの列車での出会いについても、その女性についても、女性から届いた手紙についても話していない。妻がそれを裏切り行為とみなすのではないかと恐れているわけではない。それを話題にすることで突きつけられる現実を恐れているのだ。

「結婚を後悔していると言うつもりはありませんが、難しい結婚生活だったことは否定できません」と、ブルースは言った。「離婚しなかった理由はたくさんあります。離婚しないと決めていたという面もあります」

「あの日、ベルギーの駅で降りていたら、どうなっていただろうと、考えることはないのですか」と、私は尋ねた。

「考えることはあります。でも、あまり考えないようにしています。新しい後悔が生まれてしまうと思うので。この後悔の上に、巨大な後悔が形づくられることは避けたいと考えたのです！」と、ブルースは言った。

それでも、ブルースは手紙を読み返したあと、パリの情報交換サイトの「尋ね人」コーナーにメッセージを投稿した。ひょっとすると連絡が取れないかという、かすかな期待を込めてのことだ。四〇年間続いた暗闇に、はじめて光が当てられたのである。この試みは、「もし〜〜していたら、どうなっていただろう」という問いの答えを知るための最後の悪あがきになるだろう。

もし、サンドラと連絡がつけば――若かった二人もいまは六〇代だ――昔と同じ間違いは繰り返すまいと思っている。結果を恐れることなく、サンドラに会いたいと心に決めているのだ。

深層レベルの四種類の後悔はすべて、人間がいだくニーズを浮き彫りにしており、そこから教訓を引き出すことができる。

勇気に関わる後悔の場合、その根底にある人間のニーズは、成長したいという思いだ。人としての幅を広げたい、豊かな世界をもっと満喫したい、平凡な人生とは異なる経験をしたいというニーズである。

一方、導き出せる教訓は単純明快だ。自己主張すること。意中の人をデートに誘うこと。旅に出ること。ビジネスを始めること。そして、ときには、勇気を奮って列車から降りることである。

一九九一年の夏、レイという男の子と戦わなかったことを後悔しています。私はただその場を立ち去っただけでした。それ以来ずっと、自分のために立ち上がらなかったことを悔やんでいます。

——四四歳男性、ネブラスカ州

人工中絶をしたことを後悔しています。そのとき、私はまだ若く、大学生で、怖かったのです。その経験が頭から離れません。

——三四歳女性、インディアナ州

レズビアンであることを公表するまでに時間がかかりすぎました。

——三二歳女性、ブラジル

第9章 道徳に関わる後悔

ケイリン・ヴィッジアーノが夫のスティーヴンと結婚してまだ一年しか経っていなかったある日のこと、最近夫婦と親しくなったばかりの男性が突然、アパートに訪ねてきた。ケイリンは二一歳。スティーヴンとは高校時代に出会った。二人はシカゴ近郊の同じ町の出身で、大勢の友人や親戚に囲まれて育った。

しかし、このときはカリフォルニア州南部の町で暮らしていた。アリゾナ州との州境から自動車で二時間ほどの場所だ。海兵隊員のスティーヴンがそこに配属されていたのだ。ケイリンは、スティーヴンが新兵訓練キャンプに加わると、看護学校を退学。夫の異動に合わせて、最初はバージニア州に、そしてそのあと、この砂漠の町にやって来た。知り合いがひとりもいない土地で暮らす日々は、過酷なものだった。

友人の男性はやはり海兵隊員で、スティーヴンが家にいないとわかっているタイミングを見計らって訪ねてきた。そして、ケイリンにこう告げた。スティーヴンが同僚たちに、妻のことはもう愛しておらず、離婚するつもりだと言っている、と。

これは、まったく事実無根の話だった。しかし、まだ若く、孤独で、心が弱っていたケイリンは、その言葉を信じてしまった。その男性と数杯酒を飲み、さらに数杯飲んだ。そして、二年後にケイリンが「ワールド後悔サーベイ」に回答した出来事が起きた。

夫を裏切ったことを後悔しています。そのとき心が弱っていたとはいえ、その後ずっと痛みを感じ続けるという代償は大きすぎました。

＊＊＊

ジョエル・クレミックが結婚して一一年が経ったある秋の夜、妻のクリスタが匿名の電話を受けた。ジョエルは三五歳、クリスタは三二歳。二人が育ったカナダ中部の中規模な町で、三人の子どもたちと一緒に暮らしていた。

ジョエルは高校卒業後、内装の床貼り職人の仕事をしていたが、結婚してほどなく大きな転身を遂げた。きっかけは、地元の「アライアンス教団」の教会と出会ったことだった。ジョエルは神学校に入学し、神学の学位を取得するための勉強をするかたわら、副牧師として教会で働きはじめた。

その夜、電話してきた人物は、クリスタにこう告げた。ジョエルが別の女性と付き合っている、と。クリスタはジョエルを厳しく問いただした。ジョエルは否定した。クリスタがもう一度問いただした。ジョエルは再び否定した。クリスタがさらにもう一度問いただした。すると、ジョエルはついに白状した。

クリスタはジョエルに家から出ていくよう求めた。この一件はすぐに教会の知るところとなり、教団の理事会はジョエルの解雇を決めた。ジョエルは、みずからの人生最大の後悔についてこう説明している。


不倫を始めたために、信頼を失い、職を失い、友人を失い、家庭と、修士号を取得する機会と、信仰の場をほぼ失いかけました。

＊＊＊

道徳に関わる後悔は、四種類の深層レベルの後悔のなかで最も数が少ない。私の調査に対する回答では、全体の約一〇％を占めているにすぎなかった。しかし、多くの人にとって、このタイプの後悔は、最も激しい痛みを伴い、最も長引く。

また、ほかの三つのタイプの後悔より複雑でもある。たとえば、学校で一生懸命勉強したり、お金をしっかり貯めたりするなど、安定した人生の基盤を築くことが賢明であるという点は、ほぼ誰も異論がないだろう。勇気を伴う行動とはどのようなものかについても、多くの人の意見が一致する。それは、パッとしない職に腰を落ち着けずに、自分のビジネスを始めることだったり、自宅のソファーでダラダラと過ごさずに、世界を旅することだったりする。

しかし、あなたと私が、そして世界の八〇億人の人すべてが、どのような行動を「道徳的」とみなすかで意見が一致することはない。

道徳に関わる後悔も、基本的な構造はほかの三つのタイプの後悔と同じだ。つまり、すべて二つの道のどちらに進むかという選択から始まる。しかし、ほかのタイプの後悔に比べて、問われる価値観の種類が多い。誰かに親切な態度を取るか、それともその人に害を及ぼすか。ルールを守るか、それともルールを無視するか。ある集団への忠誠を貫くか、裏切るか。ある人物や組織に従うか、反旗を翻すか。神聖視されているものを尊重するか、冒涜するか。迫られる選択はさまざまだ。

しかし、すべてに共通する点がある。それは、重要なタイミングで、自分の良心に照らして正しくないと思う行動を取ってしまうことだ。ほかの人を傷つける。人を騙したり、悪事を見て見ぬふりしたり、不公平な行動を取ったりする。固く約束したはずのことを守らない。権威に敬意を払わない。尊重すべきものを冒涜する。このような行動は、そのときは問題ないように思えても、次第に私たちの心を苛むようになる。

道徳に関わる後悔は、「もし正しい行動を取っていたら……」という思いと言っていいだろう。

私たちはなにを「道徳」と考えるのか

人はときに、世界に対する見方を根本から変える本と出会うことがある。私にとって、そのような本のひとつが、ジョナサン・ハイトの二〇一二年の著書『社会はなぜ左と右にわかれるのか』（邦訳・紀伊國屋書店）だ。[1] 現在ニューヨーク大学で教鞭を執る社会心理学者であるハイトは、研究者としての初期のキャリアを道徳心理学の研究に費やした。この著書では、人がどのようにして、正しい行動と正しくない行動を区別しているかについて、自分自身とほかの研究者たちの研究を紹介している。

私は、この本で取り上げられている研究に目を通してみた。それを通じて、二つの面で考えが大きく変わった。

第一に、私は長い間、人が道徳的に重いテーマ（「死刑は正当化できるか」「自殺幇助は許されるか」など）について考えるときは、理性的思考により結論を導き出すものと思い込んでいた。裁判官さながらに、対立する主張をじっくり検討し、理性に基づいて判断をくだすのだと思っていた。

しかし、ハイトによれば、このような見方は正しくない。実際には、なにが道徳的かを判断する際、私たちは瞬間的に、直感に基づいて感情的判断をくだしている。そして、その直感を正当化するために、あとで理性的思考を用いるというのだ。[2] 理性は、客観的な判断を言い渡す法衣姿の裁判官ではない。理性は、直感に奉仕する報道官と言ったほうがいい。上司である直感の主張を正当化することが役割なのだ。

第二に、『社会はなぜ左と右にわかれるのか』を読んだことにより、本書ととりわけ関連の深いテーマに関しても考え方が大きく変わった。ハイトによれば、道徳とは、多くの非宗教的な左派の西洋人が一般に考えているよりも幅広く、多様なものだという。

たとえば、ハイトと、南カリフォルニア大学のジェシー・グラハム、バージニア大学のブライアン・ノセックの研究でおこなったように、[3]「見ず知らずの子どもの手のひらにピンを突き刺す」ことは間違っているか、と尋ねるとしよう。この問いに対しては、すべての人が——リベラル派も保守派も中道派も——それは間違っていると答える。罪のない子どもに危害を加えることを正当化できる人などいないだろう。

同様に、店員がよそ見しているすきに、レジから現金を盗むことは道徳的に許されるかと尋ねれば、ほぼすべての人がそれはよくないことだと答える。理由なくほかの人を傷つけたり、嘘をついたり、騙したり、盗んだりすることに関しては、どのような行動が道徳に反するかについて、あらゆる生い立ちや経歴、思想信条の持ち主の意見がおおむね一致する。

しかし、西洋の政治的保守派の多く、そして北米やヨーロッパ以外の多くの人たちにとって、道徳は、親切に、そして公正に行動すべきだということだけに限定されない。たとえば、子どもが親に口答えすることは道徳に反するのか。子どもが大人をファーストネームで呼ぶことは？　アメリカ人が国籍を捨てて、社会主義国のキューバに亡命することは？　キリスト教の聖書やイスラム教の聖典「コーラン」をゴミ箱に捨てることは？　女性が人工妊娠中絶をおこなったり、男性がほかの男性と結婚したり、人々が複数の配偶者をもったりすることは？

バプテスト教会とユニテリアン教会、アラバマ州のブラウント郡とカリフォルニア州のバークレーでは、これらの問いにどのように答えるのが一般的かが変わってくる。それは、片方の集団が道徳的で、もう片方が邪悪だからというわけではない。その理由は、片方の集団が道徳を狭く定義していて（ほかの人に危害を加えたり、ほかの人を騙したりしないことだけを求める）、もう片方の集団が道徳を広く定義している（集団への忠誠を貫き、権威者に従い、神聖と位置づけられているものを崇拝することも求める）ことにある。

ハイトらは、ここまで紹介してきたような考え方を「道徳基盤理論」と呼んでいる。[4]進化生物学、文化心理学などの研究を基にした同理論によれば、人々の道徳に関する考え方は、五つの要素によって形づくられるという。

＊ケア／危害　人間の子どもはほかの動物の子より弱く、人間は子どもたちを守るために多くの時間と労力を費やす。その結果、進化の過程を通じて、私たちは保護を尊ぶ倫理観をもつようになった。弱い者を育てて保護する人は親切で、弱い者に危害を加える人は残酷とみなされる。

＊公正／欺瞞　人類が生物の種として成功するうえでは、つねに協力が大きな意味をもってきた。進化研究者たちが言う「互恵的利他主義」も、そうした協力の一形態だ。互恵的利他主義の下では、私たちは信頼できる人物を大切にし、信頼を裏切った人物を軽蔑する。

＊忠誠／背信　人が生き延びられるかどうかは、その人の個人としての行動だけでなく、集団の結束の度合いにも大きく左右される。所属しているチームや、宗教の宗派、国への忠誠を貫くことが重んじられるのは、そのためだ。一方、所属する集団を裏切ることは、たいてい忌み嫌われる。

＊権威／転覆　霊長類では、集団内に上下関係が存在するおかげで、メンバーが食料を獲得し、外敵から守られる。したがって、そうした上下関係を揺るがす人間は、すべてのメンバーを危険にさらすことになる。そのため、階層のトップに位置している人物に敬意を払い、そのような人物に従うことが道徳的に好ましいこととみなされる。[5]

＊神聖／堕落　私たちの祖先は、結核菌に始まり、らい菌（ハンセン病の原因となる）にいたるまで、さまざまな病原体に対処しなくてはならなかった。そうした経験を通じて、人類は病原体を避ける能力を身につけ、それと合わせて、もっと広い意味で不潔とみなされるもの（たとえば、純潔の考え方に反する行動）を避けるための「行動免疫システム」を確立していった。「ある人が清潔さを求める発想をどれくらい強くもっているかは、（政治的イデオロギーなど、そのほかの道徳基盤や属性と比べて）その人が同性婚や安楽死、人工妊娠中絶、ポルノに対してどのような態度を取るかとの関連性が抜きん出て強い」と、ある論文は指摘している。[6]

道徳基盤理論は、いずれかの基盤がほかの基盤より重要だとか、いずれかの基盤をほかの基盤より重んじて行動すべきだと主張するものではない。あくまでも、人が行動の道徳性を判断する際に基準にしている要素をリストアップしているにすぎない。つまり、この理論は現実を説明しようとするものであって、あるべき姿を説くものではない。

しかし、道徳基盤理論は、私にきわめて多くのことを教えてくれた。人間の理性的思考と現代政治について新たな理解を得られただけでなく、道徳に関わる後悔について明晰に理解する助けにもなったのである。

私たちが後悔する5つの罪

欺瞞、不貞、盗み、裏切り、冒瀆……。私の調査に寄せられた道徳に関わる後悔の数々は、さながら「モーセの十戒」の教育用ビデオの台本のようだ。しかし、五つの道徳基盤に基づいて考えると、人々がいだく多種多様な後悔をすっきり整理できる。ほとんどの後悔は二種類の道徳基盤のいずれかに該当するが、ほかの三種類の道徳基盤に該当するものも少なからずある。

1　危害

一九二〇年代、アメリカ中産階級の本質を明らかにするための長期プロジェクトに着手した社会学者のロバート・リンドとヘレン・リンドが調査対象に選んだのは、インディアナ州のマンシーという町だった。この研究の内容は、古典的な名著『ミドゥルタウン』（邦訳・青木書店）にまとめられている。[7] 当時のマンシーは、アメリカの典型的な小規模都市だった。そして、現在もそうだと言っていいだろう。

私の調査に回答を寄せたスティーヴ・ロビンソンが、アメリカの子どもにとって典型的な経験をしたのも、このインディアナ州の町だった。その経験とは、いじめである。

スティーヴがマンシーに移住したのは、中学二年生のときだった。小柄で、内向的で、人づきあいが苦手な子どもだった。そうした弱点を埋め合わせるために、スティーヴはまわりの子どもたちから恐れられるように振る舞った。同級生を嘲ったり、いじめたりしたのである。ずいぶん喧嘩もした。一六歳のときには、同級生の顔面を殴り、前歯を二本折ったこともあった。

いま四三歳になったスティーヴがいちばん後悔しているのは、子ども時代に不当な暴力を振るったことだ。

挑発されたわけでもないのに他人に暴力を振るうのは間違っているという点では、どのような政治的思想の持ち主も意見が一致するだろう。「アメリカ後悔プロジェクト」でも「ワールド後悔サーベイ」でも、道徳に関わる後悔のなかで最も多かったのが危害をめぐる後悔だったことは、不思議でない。

そして、ほかの人に危害を加えた経験のなかでも、最も多くの人が後悔の気持ちを打ち明けたのがいじめだった。何十年も昔の経験を深く後悔している人が何百人もいたのだ。
たとえば、ニューヨーク州の五二歳の男性はこう述べている。

中学一年生のとき、転校生の男の子をいじめてしまいました。ベトナムからやって来たばかりで、ほとんど英語を話せない子でした。なんてひどいことを！

テネシー州の四三歳の女性は、次のような後悔をいだいていた。

中学生の頃、ある男の子を笑いものにして、（漫画のキャラクターにちなんで）「ジギー」と呼んだことがあります。背が低くて、ずんぐりしていて、ブロンドの髪がつんつん逆立っている男の子でした。私がそう呼んだ瞬間、その子の顔に浮かんだ表情はいまも脳裏にこびりついています。このあだ名でずっと呼ばれることになるのだと、悟ったのでしょう。とても残酷なことでした。
それまで何年もいじめの標的になってきた私は、このとき「強者」の立場に立つことができました。けれども、言ってすぐに後悔しました。このあと、同じようなことは二度としたことがありません。

スティーヴは、いじめをする直前の時点でも「そんなことをすべきでない」とわかっていたと、私に語っている。それでも、いじめをしてしまった。注目を浴びるのが快感だったし、強者になった感覚を味わいたかった。でも、いじめがいかに残酷かはよく知っていたはずだ。スティーヴは、家庭と学校で自分もたびたびいじめられていたからだ。「いじめる側といじめられる側の両方を経験していて、よく知っていたのに、同級生をいじめてしまいました。私がいちばん後悔しているのは、そのことです」と、私に語っている。

勇気に関わる後悔と違って、道徳に関わる後悔は、行動しなかったことではなく、行動したことへの後悔である場合が多い。しかし、ときには、いじめを止めようとせずに傍観していたことを悔いている人もいる。キム・キャリントンの場合がそうだ。

キムは八歳の頃、ミネソタ州のアイアンレンジという小さな町に住んでいて、そこから毎日スクールバスで近くの町の小学校に通っていた。いつも途中で、もっと不便な場所に住む農家の女の子が乗ってきた。その女の子が乗車すると、ほかの子どもたちは（その子が悪臭を発しているかのように）いっせいに鼻をつまみ、意地悪な呼び名を浴びせ、自分の隣に座らせることを拒んだ。

ある日、キムはバスで席を詰めて場所を空け、いじめられている女の子を隣に座らせた。残りの道中、二人は仲良くおしゃべりして過ごした。ところが、この親切な行動が原因で、その日、キムは学校でいじめの標的にされた。そのため、次の日に女の子がバスに乗ってきたときは、隣に座らせることを拒んだ。

「人の道に反する行動を取ってしまいました。いまでも夜中に思い出して、涙を流すことがあります」と語るキムは、現在五〇歳。カンザスシティで暮らしている。いじめられていた女の子は、しばらくするとスクールバスに乗らなくなったという。「あの子と仲良くしなかったこと、守ってあげなかったことを後悔しています。私は間違った行動を取り、それを正す機会を得られませんでした」

人々が悔やむのは、子ども時代の意地悪な振る舞いだけではない。職場の同僚を侮辱したり、好意をいだいている相手のあとをつけ回したり、近所の人たちを恫喝（どうかつ）したりといった経験を告白する人たちもいる。言葉でほかの人を傷つける場合がほとんどだが、物理的な暴力を伴うケースもなかにはある。いじめが多い印象があるアメリカだけでなく、この種の後悔は世界中の人々が打ち明けている。

イギリスの五三歳の男性はこう述べている。


一八歳のとき、ある男性に怪我をさせてしまいました。それ以来三五年間、私はすべての面で人生から逃げ続けてきました。私は臆病者です。

南アフリカの五七歳の男性はこう打ち明けた。

昔、太っているからという理由で、恋人の女性に別れを告げたことがあります。それを後悔しています。三〇年経ったいまでも、彼女を深く傷つけてしまったことに愕然として、夜中に目が覚めることがあります。

ほかの人を傷つけることが間違った行動であるという点では、誰も異論がない。そのため、そうした行動を取ったことへの後悔をきっかけに、将来はもっと立派な行動を取ろうと心に決める人が多い。

「昔の自分を思い出すと、恥ずかしくなります」と、スティーヴは私に語った。「大人になってからは、もっとよい人間になろうと努めてきました」とのことだ。高校を卒業したあとは、大学で心理学、看護学、刑事司法を学び、小児科の看護師、そして非行少年のカウンセラーとして働いてきた。

「私は昔、他人にひどい態度を取りました。いまは、他人に対して好ましい態度を取りたいと思っています」と、スティーヴは言う。「最近は、人々が安全に感じられる状況をつくるために努力していることを誇りに思えるようになりました」

「ワールド後悔サーベイ」に対して、配偶者を裏切った経験を告白したのは、本章の冒頭で紹介したケイリンとジョエルだけではない。道徳に関わる後悔で最も多かったのは、ほかの人を傷つけたこと、とくにいじめたことへの後悔だったが、ほかの人を騙したこと、とくに配偶者を裏切ったことへの後悔も僅差で二番目に多かった。

そのような行為が道徳に反するという点でも、ほとんどの文化圏のほとんどの人の意見が一致する。人は嘘をつかず、約束を守り、合意されたルールに従って行動すべきだと、たいていの人が考えているのだ。

一部の回答者は、盗みをおこなうという形でほかの人を裏切った経験を打ち明けている。カリフォルニア州の一六歳は「箱のなかのお金を盗んだ」ことへの後悔を語り、ルーマニアの五一歳は「軍の同僚のハーモニカを盗んだことを恥ずかしく思っている」と述べた。

学業における不正行為を後悔している人も、けっして多くはないものの、あらゆる年齢層で見られた。バージニア州の二二歳の女性は、「学校でカンニングをしたことを後悔しています」と語り、ニュージャージー州の六八歳の男性は、「微分積分の試験で同級生のカンニングを手助けしたことがあります……高校一年生のときのことです。どうすれば、埋め合わせができるのかわかりません」と語っている。

しかし、最も多かった回答は、配偶者に対する裏切りだった。この種の後悔は、あらゆる地域の何十もの国から寄せられた。

ある五〇歳の女性はこう述べている。

不倫をしてしまいました。人生最大の過ちです。夫に対してどれほどひどいことをしたのかという思いを抱えて、いまも日々生きています。あのとき私は、夫に本音をぶつけて、不満を伝えるのではなく、途方もなく愚かな行動を取りました。自分を許せる日が来るかどうかわかりません。

五〇歳の男性はこんな言葉を寄せた。

自信をなくし、精神が弱った末に、妻を裏切りました。そのことを毎日後悔しています。

五五歳の女性も不倫の経験を打ち明けている。

夫を裏切りました。夫は飛び抜けてやさしくて、家族を大切にする男性でした。どうしてあんなことをしたのか、自分でもわかりません。私は夫を愛していたし、まだ若くて、四人の子どもを育てていました。私たちは絆が強い一家でした。一緒に楽しい時間を過ごしていました。心配事もまったくありませんでした。それなのに、私はあんな行動を取ったのです。

欺瞞は危害と重なり合う部分もある。配偶者を裏切れば、相手を傷つけることになるからだ。しかし、この種の後悔を打ち明けた人たちが最も悔やんでいたのは、相手に痛みを与えただけにとどまらず、信頼を壊してしまったことらしい。

「私たちは結婚の誓いを交わしました。それなのに、私は夫を裏切りました」と、ケイリンは私に語った。ジョエルも同様のことを語っている。「妻に誓いを立てたのに、それを破ってしまいました。私の道徳的信頼性は完全にそこなわれました」

テキサス大学で働くジョセリン・アップショー（本人の要望により仮名）は、結婚生活が味気ないものに感じられていたとき、同僚と九カ月間にわたって不倫関係にあった。最終的にジョセリンは夫に打ち明け、夫婦はセラピーを受けた。婚姻関係の破綻は免れたが、この裏切り行為による心の痛みはいまもうずき続けている。

「夫と私は、お互いを裏切らないという約束を交わしました。それなのに、私は約束を破ってしまった。私は夫の信頼を踏みにじったのです」と、ジョセリンは語っている。「嘘をつくことと裏切ることは、よい人間でありたいと思う人が『やってはならないこと』のリストの上位に位置します」

ケイリン、ジョエル、ジョセリンは、過ちを犯したあと、過ちを完全に正すことまではできないにせよ、せめて状況を改善しようと努めた。ケイリンは、軽率な行動を取った翌朝、夫に打ち明けた。「人生でこっそり悪事を働くことに成功した試しがありません。テストでカンニングもしたことはありません」と、ケイリンは私に語った。あのことが起きたあと、内緒にしておくことはできませんでした」と、ケイリンは私に語った。夫は冷静に話を聞き、二人は一緒に信頼を築き直していった。「世界で最高の男性です」と、ケイリンは言っている。

ジョエルが経験したのは、もっと険しい道のりだった。不倫相手の女性との間に子どもができたのだ。「神様に顔向けできないという思い」を振り払えなかったと言う。「神様は『姦淫してはならない』と言っています」。妻とは和解し、一緒にカナダの別の土地に移り住んで、地元の教会で働きはじめた。「妻を裏切ったと認めることほど、最悪の経験はありません。その経験を通じて、信頼の大切さについて理解が深まりました。信頼をそこなうとはどのようなことかを経験したからです」

あまり信仰に熱心なタイプではないジョセリンも、この後悔をきっかけにほかの人の身になってものを考える能力が高まったという。「それまでは、自分こそが正義だと考えていました。自分はいつも正しくて、けっして過ちを犯さない、と思っていたのです。ところが、私は過ちを犯してしまいました。それを機に、人は過ちを犯すものだと知りました」。若い頃は、世界を善良な人物と邪悪な人物に二分して考えていた。「現実はそうではないと気づくまでに、ずいぶん長い時間を要しました」

3 背信

チャーリー・マカルーは一九八一年にメリーランド大学を卒業し、機械工学の学位を取得したとき、陸軍に入隊するつもりでいた。部隊のために身を捧げ、同僚との絆をはぐくむことに、憧れをいだいていたのだ。しかし、もっと金銭面でうま味のある職の誘いを受けて、結局は民間企業に就職した。「国のために働く人たち、とりわけ軍に入隊する人たちは、強い愛国心をいだいています」と、チャーリーは私に語った。「その一員にならなかったことを後悔しています」

集団への忠誠は道徳的価値の核を成す要素のひとつだが、それがどれくらい重んじられるかは、政治文化や国の文化によって異なる。おそらくそのような性格上、この道徳基盤に関する後悔は、危害や欺瞞に関する後悔ほど多く見られない。

また、後悔の内容は、自分が集団に批判的な態度を取ったことではなく、自分が集団に対する義務を果たさなかったことを悔いるものである場合が多い。たとえば、アメリカでは一九七三年以降、徴兵により国民を軍隊に組み込むことはしていないが、チャーリーと同様の後悔を語った回答者は大勢いた。

ミシガン州の四四歳の女性は、人生最大の後悔についてこう語っている。

空軍に入隊して軍の一員にならなかったこと。

ニューハンプシャー州の五八歳の男性はこう打ち明けている。

大学入学前も卒業後も、軍に入隊して国に奉仕することをしませんでした。私の家族のなかで軍隊経験がないのは、私だけです。いま振り返ると、入隊しておけばよかったと思います。

ウィスコンシン州の五三歳の女性もこう述べている。

軍に入隊しなかったことを後悔しています……。国に奉仕することは、場所や役割に関係なく、(コミュニティ活動に従事する)アメリコアや(途上国支援に携わる)ピースコアなども含めて、非常に大きな価値があります。

ジョナサン・ハイトが『社会はなぜ左と右にわかれるのか』で指摘したように、忠誠心は集団の絆を強化し、同盟関係を形づくる機能をもつ。人々の忠誠の度合いを見れば、

「誰が集団のために尽力し、誰が裏切り者かが明らかになる。その集団がほかの集団と戦っているときは、それがとりわけはっきり見えてくる」という。[8]

少し拍子抜けしたのだが、私の調査への回答者の中には、アメリカ独立戦争で裏切りを画策したベネディクト・アーノルド、新約聖書でイエスを裏切ったとされるイスカリオテのユダの現代版のような人物は見当たらなかった。チャーリーにしても、最終的には、軍に兵器を供給する大手防衛企業で働くようになった。

しかし、軍の周辺で仕事をするだけでは、チャーリーの後悔は解消されていない。軍隊で自分の命を仲間に頼り、仲間の命が自分にかかっている状況で「困難と自己犠牲の経験」をしなかったことを後悔していると言う。「他人に奉仕しているということは、利己的な行動を取っていないことを意味します。自己犠牲を払うことにより、ほかの人たちに恩恵が及ぶだけではありません。そうした行動は、つらくても、自分にとっても好ましいものなのです」

4 転覆

道徳に関わる後悔のなかで最も少なかったのは、権威を尊重しなかったことへの後悔だ。数人の回答者は、「親に対して敬意を欠いた態度を取った」「先生に無礼な振る舞いをした」ことなどを挙げた。たとえば、インドの二四歳の男性はこう述べている。

私は父と一緒にお店を営んでいます。その店に、昔お世話になった先生が買い物に来たときのことです。先生は、私のことも、私の父のことも知っていたのですが、父は先生のことを知りませんでした。私たちの店では、長いつきあいのある人には少し値引きすることにしていて、私が学校で習った先生もその対象になります。私は、父も先生のことを知っていると思っていたので、その客が先生だとは父に言いませんでした。そのため、父は値引きをせず、先生は代金を全額支払って帰っていきました。先生は、別にそのことを気にしていませんでした。でも、先生が帰ったあと、私は父に叱られました。あの人が先生だと、ちゃんと言わなくちゃだめだ、と。先生への尊敬と感謝を表現するための値引きをしないのは、恥ずべきことであり、敬意を欠いた態度でした。この出来事の記憶がよみがえるたびに、深い後悔を感じます。

しかし、私の調査では、この種の後悔は比較的少なかった。その理由のひとつは、私がおこなった定量的調査がアメリカの人たちだけを対象にしていて、定性的調査に回答を寄せた人もアメリカ人が最も多かったことにあるのだろう。目上の人に敬意を払うことを重んじる文化圏の人たちを多く調査対象にしていれば、この種の後悔を語る人はもっと多かったかもしれない。

5 堕落

神聖なものを汚したことへの後悔は、権威を尊重しなかったことへの後悔より多く見られた。この種の後悔は、しばしば激しい感情的な痛みを伴う。この点は、アメリカで過去六〇年間にわたりアメリカで大きな意見対立の対象になってきたテーマ、すなわち人工妊娠中絶に関してとりわけ顕著だ。

アメリカ人はおおむね、人工妊娠中絶を違法とすべきではないという点で意見が一致しているが、人工中絶が道徳的に正当化できるかどうかでは、大きく意見がわかれている。ギャラップ社の世論調査によると、アメリカ人の約四分の三は、少なくとも一定の条件下においては人工中絶を合法とすべきだと考えているが、道徳的評価の面では、激しい意見対立があるのだ。四七％の人が人工中絶を「道徳上正しくない」と考える一方で、「道徳上許される」と考えている人も四四％いる。[9]

人工中絶に関する後悔は、いじめや不倫ほどではないものの、私の調査でもよく見られた。アーカンソー州の五〇歳の女性はこう述べている。

二〇歳のとき、中絶をしました。そのことが人生最大の後悔です。そして、人生で二番目に大きな後悔は、二五歳のときに二度目の中絶をしたことです。

この種の後悔は、危害に関わるものという側面もあるが、それだけにとどまらない。その経験を後悔する人たちは、人工中絶をすることにより、生命の神聖性を冒涜したと感じているのだ。たとえば、ペンシルベニア州の六〇歳の女性はこんな思いを述べている。

夫との間の三人目の子どもになるはずだった子を中絶しました。夫とは、結婚して三四年になります。私は二人目の妊娠中にとてもつらい思いをしていて、夫は私に再び同じ苦しみを味わってほしくないと考えていました。二人目が生まれて、まだ一年も経っていなかったのです。それに、夫は三人目を育てることの経済的負担も心配していたのでしょう……。その日、病院に行く途中、私はずっと泣き続けました。その後も毎日、悲しみを感じています……。ひとつの生命を終わらせてしまったこと、愛により生まれた生命を終わらせたことは、日々つねに私の心に重くのしかかっています。

プエルトリコの五八歳の女性も同様の後悔をいだいている。

中絶したことです。天国でその子に会ったときには、ごめんなさいと謝らなくてはなりません。

一〇〇年以上前、フランスの社会学者エミール・デュルケームが指摘したように、宗教思想を特徴づける要素は、「世界を二つに、つまり神聖なものと不浄なものにわけて考えること」にある。[10] 私が思うに、これは宗教だけでなく、あらゆる信念の体系に当てはまることだ。神聖と不浄の境界線をどこに引くかに関して、すべての人の意見が一致するわけではないが、みずからが神聖だとみなしているものを冒涜する行動を取れば、人は後悔をいだく。

＊＊＊

道徳に関わる後悔は、独特なタイプの後悔と言える。数は最も少ないけれど、最も多様性に富んでいる。そして、個人単位で見れば、最も激しい痛みを伴うが、集団単位で見れば、最も希望を感じさせる面もある。

大人の女性や男性が夜中に目を覚まして、何十年も前の経験を――ほかの人を傷つけたり、不公平な扱いをしたり、コミュニティが重んじる価値観に反する行動を取ったりした経験を――思い返して自分を責めるというのは、ある意味で心温まる話とも言える。私たちのDNAのどこかに、善良でありたいという欲求が刻み込まれている証拠と考えられるからだ。

四種類の深層レベルの後悔はすべて、人間のニーズを浮き彫りにしていて、そこから教訓を引き出せる。道徳に関わる後悔の場合、その根底にあるニーズは、善良でありたいというものだ。そして、教訓は、宗教の聖典や哲学の文献、そして親が子どもにかける言葉でもしばしば言われるように、迷ったときは正しい行動を取るべし、というものである。

ペットとしてウサギを飼っていたのですが、私の不注意でカゴから逃げられてしまいました。ウサギはビニール袋をたくさん食べて、死んでしまいました。

——三八歳女性、中国

行動を起こさなかったこと。あの女の子をデートに誘わず、もっと早く自分のビジネスを始めず、シンポジウムで講演の機会を求めなかったこと。これまで犯してきたどんな失敗よりも、行動しなかったことを後悔しています。

——四三歳男性、カナダ

死の床にあった祖母にキャンディを渡してあげなかったことです。祖母はキャンディが欲しいとはっきり言っていたのに。

——三五歳男性、アーカンソー州

第10章
つながりに関わる後悔

本章では、つながりに関わる後悔について理解するために、四人の女性と、二組の友情、そして二つの扉の物語を紹介したい。

ひとり目の女性はシェリル・ジョンソン。アイオワ州デモインの出身で、いまはミネソタ州ミネアポリスで暮らしている。以前はある出版社で調査部長を務めていた。現在、五〇代前半。夫を愛し、ジムに熱心に通い、いま取り組んでいること――家を建てることと本を書くこと――に没頭している。

一九八〇年代後半、シェリルは、デモインにあるドレーク大学に通っていた。この物語の二人目の登場人物である女性、ジェンと友達になったのは、その大学時代のことだ。

シェリルとジェンは同じ女子学生クラブに所属し、ほかの四〇人の女性たちと一緒に寮で生活していた。[1] この女子学生クラブの中で、二人は異彩を放つ存在だった。ひときわ野心的で、勉強にまじめに取り組んでいたのだ。シェリルは女子学生クラブの会長になり、ジェンは大学全体の学生会長に選出された。

「私たちは平均的な学生に比べて、大学生活を少し真剣に考えていて、その点で風変わりな学生でした」と、シェリルは私に語っている。「私たちが仲良くなったのは、ほかの学生たちとは違った者同士だったからという面もありました」

シェリルとジェンはいつも語り合い、互いの情熱と目標の追求を支え合った。二人は将来に向けた壮大な計画を立てていた。

大学卒業後間もない一九九〇年、ジェンが結婚した。そのとき、シェリルは結婚式の花嫁付き添い人を務めた。その後、夫とバージニア州に移り住んだジェンは、シェリルを新居に招待した。夫の友人を紹介したいとのことだった。恋人候補としていいのではないかと、思ったのだ。

シェリルは驚いた。大学時代から二年間つきあっている男性がいたのだ。「その男性が運命の相手だと思っていました」と、シェリルは振り返る。ジェンも恋人のことは知っていたけれど、「私にとって最適の相手だとは思っていなかったようです」。シェリルはジェンの誘いを丁重に断った。それで話は終わり。お互いわだかまりはなかった。

まだ電子メールが普及する前の時代に遠く離れた場所で暮らしていた二人は、数年の間、手紙をやり取りし続けた。シェリルは結局、大学時代の恋人と別れた。いまは、その男性のことを「残念な男性」としか呼ばない。「私は人として成長し、あのときジェンが感じていたことがよく理解できるようになりました」

その後、次第に手紙のやり取りが減り、やがて完全に途絶えた。二人はもう二五年間話していない。直接会ったのは、ジェンの結婚式が最後だ。

「別に仲たがいしたわけではありません。いつの間にか疎遠になっていったのです」と、シェリルは述べている。「（ジェンとの）関係を失ってしまったことを後悔しています。私の成長の過程を見てくれる人がいてほしかった」

ジェンとのことを考えると、心が落ち着かないという。「もしあなたが一カ月後に死ぬとわかったとして、それまでにきちんと始末をつけておきたいことがあるでしょうか」と、シェリルは私に語った。「私はジェンに伝えたい。二五年経っても、あなたとの友情は私にとって大きな意味をもっているのだ、と」

ある春の午後、ビデオ会議システムで話を聞いたとき、私はシェリルに尋ねた。ジェンとの友情を復活させようとは思わないのか、せめて電話なり電子メールなり手紙なりで連絡を取るつもりはないのか、と。

「扉はまだ開いていると思います」と、シェリルは言った。「私がこんなに憶病でなければ、連絡を試みるのですが」

＊＊＊

つながりに関わる後悔は、四種類の深層レベルの後悔のなかで最も回答数が多い。これは、人との関係が綻んだり、実を結ばなかったりしたことで生まれる後悔だ。対象となる人間関係の種類は、配偶者やパートナーとの関係の場合もあるし、親や子ども、きょうだいとの関係の場合もあれば、友人や同僚との関係の場合もある。人間関係が失われる経緯もさまざまだ。次第に疎遠になる場合もあれば、派手に決裂する場合もある。最初からボタンの掛け違いがあった場合もある。

しかし、いずれの場合も基本的なパターンは共通している。以前存在した完全な（あるいは完全であるべき）人間関係が、もはや存在しないということだ。

死が原因の場合など、いまとなってはどうしようもないケースもあるが、関係を築き直したいという思いを強くいだくケースも多い。けれども、そのためには大きな労力が必要である。感情が不安定になったり、相手から拒絶されたりするリスクもある。そこで、私たちは選択を迫られる。完全な人間関係を築き直そうとするか、それともこのまま放置するか、という選択である。

つながりに関わる後悔は、「もし私が手を差し伸べていたら……」という思いと言えるだろう。

閉ざされた扉と開かれている扉

本章の物語の三人目の登場人物は、エイミー・ノーブラーという女性だ。ニュージャージー州チェリーヒルで育ち、いまはカリフォルニア州パサデナで暮らしている。エイミーは中学時代に、ある女の子と知り合った。以下では、仮に「ディーパ」と呼ぶことにする。ディーパの両親はともに過酷な仕事に就いていて、昼間はいつも不在だった。自宅は学校のすぐ近く。放課後、エイミーとディーパはディーパの家に行って、大人のいない家で自由を満喫し、友情をはぐくんだ。そうした時間は、人生でも有数の幸せな時間だったと、エイミーは振り返る。「親友との絆をはぐくむとは、あのようなことを言うのでしょう」

二人は高校時代も親しい友人であり続け、その後、大学に進み、仕事を始め、家庭をもつようになっても連絡を取り続けていた。一九九八年にエイミーが結婚したときは、ディーパも結婚式に出席した。二人は家族ぐるみで親しくしていて、二〇〇〇年のディーパの結婚式には、エイミーの両親も足を運んだ。エイミーはディーパの結婚祝いに、自分の得意料理のつくり方を記した手製のレシピブックを贈った。「子どもの頃にはぐくまれた友情はかけがえがありません」と、エイミーは私に語った。

二〇〇五年、ディーパの友人や知人全員に、夫からメッセージが送られてきた。それによると、ディーパはたちの悪い癌に冒されているとのことだった。多くの病気がそうであるように、その後の病状は悪化したり好転したりを繰り返した。いったんは癌が寛解し、子どもを出産した。しかし、二〇〇八年、癌が再発し、見通しは暗く思えた。フェイスブックの投稿を見る限り、差し当たり生活の質は悪くないようだが、残された命は一年程度の可能性が高いとのことだった。

エイミーは電話したいと思った。

けれども、それを先延ばしにした。

そうするうちに、二〇〇八年一二月のある夜遅く、共通の友人から連絡があった。ディーパが深刻な状態になったという。

翌朝、エイミーは、ニュージャージー州のディーパの家に電話した。すると、電話に出た人物から告げられた。その日の朝、ディーパが息を引き取った、と。

「それを聞いた瞬間、機会が永遠に失われたのだと思い知らされました。そのときの気持ちは一生忘れないでしょう」と、エイミーは述べた。「どうして私が電話してこないのかと思いながら、ディーパは死んでいったのだろうか、という思いを振り払えません。そうした思いはずっとついて回るに違いありません。同じ過ちは二度と繰り返さないと誓っています」

後悔について語るとき、「扉」の比喩を持ち出す人が多い。エイミーの後悔の場合は、すでに扉は閉ざされた。ディーパとの関係を築き直す機会は、永遠に失われてしまったからだ。

一方、シェリルの後悔の場合は、まだ扉は開かれている。大学時代の友人であるジェンとの関係を築き直す機会は、まだ残されているからだ。

いずれのタイプの後悔も私たちの心を苛む。ただし、その理由は異なる。扉が閉ざされている後悔が私たちを苦しめるのは、もはやなにもできないためだ。それに対し、扉が開かれている後悔が私たちを苦しめるのは、できることはあるけれど、そのためには大きな努力が必要とされるためである。

「ワールド後悔サーベイ」では、扉が閉ざされたことによる喪失感を語った人が多い。

カリフォルニア州の五一歳の男性は、七歳のときに両親が離婚し、父親と離れて暮らすことになった。その後も一週間おきに、週末に父親の元を訪ねていた。しかし、「関係は薄っぺらなものでした……実のある会話はなく、お互いのことを深く知ることもありませんでした」

そして、中学生になる頃には隔週の訪問も途絶えた。一〇代後半と二〇代後半に、再び父親と接点をもつようになったが、関係が深まることはなかったという。

そうした機会にも、私たちの間に絆が生まれることはありませんでした……。一七年前に、父は世を去りました。いま後悔するのは、大人の男同士として一緒にビールを飲んだこともなかったことです。

ある五四歳の女性はこう述べている。

母にもっとやさしくすればよかったと後悔しています。子どもの頃は、母がいることを当たり前に思っていたし、(ティーンエージャーにはありがちなことですが)自分のほうが母よりずっと賢いと思っていました。私が大人になると、政治について激しい議論を交わすことも多かった。二人とも、自分の意見を譲らなかったのです。いま母がいなくなり、母のことが恋しくてなりません。母のことを思うと、呼吸が苦しくなることすらあります。私は、娘として取るべき行動をことごとく誤りました。いま自分の娘たちを見て思うのは、私が母に対して取った態度よりもやさしく私に接してほしいということです。でも、私にそれを望む資格がないこともよくわかっています。

扉が閉ざされて、言葉を述べる機会が失われたことについての後悔を打ち明けた人も多い。ワシントンDCの四五歳の女性もそのひとりだ。その女性はこう語っている。

兄弟が四一歳で急死しました。もっと「愛している」と伝えればよかったと後悔しています。

次に紹介するのは、アイオワ州の四四歳の女性が寄せた回答だ。これと同じ趣旨のことを述べている人も何人かいた。

大学時代のコーチ兼メンターの葬儀に参列しなかったことを後悔しています。当時は子どもが生まれてまだ間もなく、しかも季節は冬で、悪天候に見舞われる恐れがありました。それに、葬儀の場所までは、車で三時間以上かかりました。私はこうした言い訳を連ねて、欠席の連絡をしました。
葬儀に出席しないと決める過程では、同じことを自分にも繰り返し言い聞かせました。それが正しい判断なのだと納得したかったのです……。一五年後のいまも、言い訳、後悔、言い訳、後悔、言い訳、後悔という具合に、私の頭の中で思考が往復し続けます。

マイク・モリソン、カイ・エプステュッド、ニール・ローズの二〇一二年の研究によると、私たちがほかの後悔よりも対人関係の後悔を強く感じるのは、帰属意識が脅かされるからだという。ほかの人とのつながりが綻んだり、崩壊したりすると、人は苦しみを感じる。みずからの失態が原因の場合、その痛みはとりわけ強烈だ。「帰属への欲求は、人間の行動を駆り立てる基礎的な要因であるだけでなく、後悔を生み出す基礎的な要因でもある」と、モリソンらは記している。[2]

扉が閉ざされている後悔は、問題を修正するチャンスがもうないために、私たちを苛む。しかし、開けられなくなった扉は、好ましい影響を生む場合もある。これもまた、後悔が私たちをよりよい人間に変える一例と言えるだろう。

ディーパが死去して数年後、エイミーは、別の子ども時代の友達が癌を患っていることを知った。「私は（ディーパとの）過去の経験をつねに思い返していました」と、エイミーは語った。「どんなに大変でも、今度はすぐに動くべきだと思いました」

エイミーは、頻繁にその友達に電話をかけ、会いにも行った。電子メールやテキストメッセージもやり取りした。「私がいつも彼女のことを思っているのだと知ってもらうために、できることはなんでもやりました。その友達と一緒にいるために、そして彼女の置かれた状況を受け止めるために、一生懸命努力しました」

その友達は、二〇一五年に世を去った。「最期まで私たちはつながりを保ち続けました」と、エイミーは言う。「そのおかげで、状況に対処しやすくなったわけではない。でも、少なくとも後悔はありません」

決別した関係と自然消滅

シェリルとジェンは、一度も喧嘩したことがなかった。小さな口論すらしたことがない。二人の間で絶交が話題に上ったこともない。二人の友情は自然消滅したのだ。

私の調査に対しては、つながりに関わる後悔が何千件も寄せられた。しかし、人間関係が終わりを迎えるにいたったパターンは二つに集約できた。決別と消滅である。

決別はたいてい、大きな出来事をきっかけに始まる。侮辱、暴露、裏切りなどだ。その出来事を発端に、罵声が飛び交い、恫喝があり、ときに食卓で皿が派手に割られるなど、テレビのメロドラマやエドワード・オールビーの舞台のようなやり取りがある。はたから見ると対立の原因は些細なものにすぎず、簡単に修復できそうに思えたとしても、当事者は激しい怒りの感情をいだいている。

たとえば、カナダの七一歳の男性はこんな後悔を打ち明けている。

五歳の孫の振る舞いをめぐって、クリスマスに息子と意見が食い違い、短いけれど激しい口論になりました。その結果、家族の間に不和が生まれて、その状態が五年近く続いています。あの出来事以来、私たちは口を利くことも、そのほかの形で連絡を取り合うこともまったくしていません。

テキサス州の六六歳の女性はこう記した。

義理の娘が……私たちの息子と一緒に祖国のオーストラリアに戻るつもりだと知ったとき、強く非難したことを後悔しています。私たちは、彼女が私たちのそばで暮らすつもりなのだと思い込んでいたのです。その後、息子夫婦はオーストラリアに移り住み、疎遠になってしまいました。

一方、自然消滅の場合は、もっと曖昧なプロセスをたどる。たいてい、そのプロセスには明確な始まりもなければ、中間も、終わりもない。ほとんど気づかないうちに、それは進行する。まだ人間関係が続いていると思っていたのに、ある日ふと気づくと、関係が断ち切れているのだ。

あるペンシルベニア州の女性が経験したことは、その典型だ。

よりよい友人、よりよい姉妹、よりよい娘になるために、十分な時間を割きませんでした。ただ時間が流れるのに任せていたのです。そして、気づいたときには、四八歳になっていました。

カンボジアの四一歳の女性はこう述べている。

友人と連絡を絶やさないように努力せず、そのせいで大切な友人と疎遠になってしまいました。

多くの人は、あとになってはじめてその状況に気づく。ペンシルベニア州の六二歳の男性はこう悔やんでいる。

職場の同僚たちと深い関係を築くように、もっと努力すればよかったと思っています。同じ職場で三〇年以上働いているのに、同僚のなかに親友と呼べる人がひとりでもいると言い切る自信がありません。

二種類のパターンのうち、ドラマチックなのは決別のほうだが、よく見られるのは自然消滅のほうだ。

また、人間関係が自然消滅したケースでは、関係の修復がより難しい。決別は怒りや嫉妬などの激しい感情を生む。そうした感情には自分でも気づきやすい。それに対し、自然消滅の場合は、そこまで強烈な感情は生まれず、その感情にうしろめたさを感じやすい。そうした感情のなかで最も際立っているのは、気まずさだ。私の調査でも、何百人もの回答者がそのような感情について語っている。

シェリルは、旧友のジェンに連絡を取るべきかどうかを考えると、不安がこみ上げてくるという。「ジェンは、私から連絡など欲しくないのではないか。私から連絡があったとき、薄気味悪いと思わないか」と思わずにいられないのだ。そして、つねにそうした不安が勝り、ジェンに連絡を取らないままになっている。四半世紀も放っておいて、いきなり連絡を取れば、「奇妙」だと思われないか、「正しい」行動ではないと思われないかと心配なのだ。

同様の心理が妨げになって、エイミーもディーパに電話ができなかった。「『長いこと話していなかったけれど、あなたが死にかけていると聞いて電話したの!』と言わんばかりの振る舞いをすることに、気まずさを感じていたのです」と、エイミーは説明する。「電話をかければバツが悪い思いをすることはわかっていたけれど、臆病にならずに、そうした感情と対峙していればと思わずにいられません」

もしそのような行動を取っていたら、エイミーは相手の思いがけない反応に驚き、喜んでいたかもしれない。

人間はさまざまな目覚ましい能力を備えている。私たちは、飛行機を飛ばすこともできるし、オペラを作曲することも、スコーンを焼くこともできる。しかし、たいていの人は、ほかの人の考えていることを把握し、相手の行動を予測することがとても苦手だ。おまけに、始末が悪いことに、そのような側面における自分のスキルがお粗末であることに気づいていない。[3]そうしたなかでも、私たちがことのほか不得意なのは、気まずさの感情を予測することだ。

社会心理学者のニコラス・エプリーとジュリアナ・シュレーダーは二〇一四年の研究で、シカゴ地区で鉄道やバスで通勤している人たちを対象に実験をおこなった。その実験では、一部の実験参加者に対して、車内で知らない人に話しかけるよう求めた。そんなことをすれば居心地悪いだろうし、相手はそれに輪をかけて気まずく感じるだろうと、参加者たちは考えた。

しかし、予測はいずれの面でも間違っていた。実験参加者たちは、ほかの乗客に話しかけてみると、思っていた以上にすんなり会話を始めることができた。そして、まわりの人に話しかけないよう指示された実験参加者たちよりも通勤を楽しく感じた。一方、話しかけられた人たちも気分を害したりはしなかった。やはり、見ず知らずの乗客との会話を楽しんだのだ。

「人は、人と人のつながりが生む結果について正しく予測できない」と、エプリーとシュレーダーは記している。[4]通勤者たちは、知らない人に話しかければ自分にとっても相手にとっても居心地の悪い状況が生まれると恐れていたが、そのような不安は見当違いだったのだ。気まずいことなど、まったくなかったのである。

ペンシルベニア大学のエリカ・ブースビーとコーネル大学のヴァネッサ・ボーンズの二〇二〇年の研究では、これと似た現象について調べている。その現象とは、私たちがしばしば、ほかの人を褒めることに居心地の悪さを感じることである。この研究でも見られたように、誰かを褒めようと考えると、人は腰が引けてしまう場合がある。「ぎこちない態度があらわになり、自分のさまざまな欠点や不手際が人々の目にとまり、否定的な評価をされる」のではないかと恐れるためだ。

しかし、ブースビーとボーンズがおこなった実験により明らかになったのは、このような予測が的外れだということだった。実験参加者たちは、褒められた人たちがどれくらい「嫌がり、居心地悪く感じ、迷惑に思うか」を過大評価する一方で、その人たちがどれくらい褒め言葉を喜ぶかを過小評価していたのである。[5]バツが悪い状況など、まったく生まれなかった。

このような状況で起きているのは、社会心理学者たちが「多元的無知」と呼ぶ現象だ。私たちは、自分の考えていることがほかの人たちの考えと大きく異なっているらしいと誤って思い込むことが多い。自分が内面でいだいている考えがほかの人たちの表面的な行動と食い違っているように見えるときは、なおさらそのような誤解をしやすい。

たとえば、大学の講義がよくわからなくても、多くの人は質問しない。ほかの人たちが質問しないということは、みんなは理解できているのだろうと、誤解するからだ。誰だって、自分だけ間抜けだと思われたくない。しかし、そのとき私たちは、ほかの人たちも自分と同様に、講義を理解できていないけれど、自分だけ間抜けだと思われたくなくて質問できないのではないか、とは考えない。私たちが講義を理解できないままなのは、ほかのみんなは理解できているのだろうと誤って思い込んでいるためなのだ。

もうひとつ例を挙げよう。大学生を対象にした調査によると、ほとんどの学生は過度の飲酒をしない。しかし、そうした学生たちは、自分が少数派だと誤って思い込んでいる。つまり、ほかの学生はみな、いつも大量の飲酒をしていると誤解しているのだ。その結果として、皮肉なことに、キャンパスでごく少数の人しか本当は支持していない社会規範がいっそう強化されている。[6]

いつの間にか疎遠になってしまった人に連絡を取ることに気まずさを感じる心理も、多元的無知の一種なのかもしれない。

私たちは、関係を築き直したいと思っているのは自分のほうだけだと思い込みがちなのだ。シェリルは私との会話で、ジェンは自分との友人関係を再開することにほとんど関心がなく、連絡しても薄気味悪く思われるだろうと語った。そこで、私は逆のシナリオを考えてみるようシェリルに促した。

もしジェンが連絡してきたら、あなたはどう思いますか、と。

「もし今日、ジェンからメッセージが届くことがあれば、私は感激して泣いてしまうでしょう」と、シェリルは言った。「ジェンから連絡があり、長い年月が経っても彼女がまだ私たちの友情を忘れていないとわかれば、私にとって人生が大きく変わるような出来事になります」

幸福は愛がすべて

特定の集団を対象に生涯の幸福度を調べた研究のなかで、最も長期にわたるものは、ハーバード大学医学大学院の「成人発達研究」だ。考案者のひとりの名前を取って「グラント研究」と呼ばれることも多い。

このプロジェクトについては、あなたも聞いたことがあるかもしれない。一九三八年に二六八人の男子のハーバード大学学部学生を調査対象に選び、八〇年間にわたって追跡調査を続けてきた。その調査期間の長さと、調査の詳細さには、目を見張るものがある。調査対象者のIQ（知能指数）、手書きの文字、眉上の筋肉と睾丸も調べた。採血をおこない、脳波を測定し、生涯所得も計算した。研究の目標は、仕事と人生で成功する人と失敗する人がいる理由を解明するという壮大なものだった。

お気づきのように、この研究には明らかに不十分な点がある。調査対象はすべて、白人のアメリカ人男性だったのだ。それでも、心理学の歴史で有数の長期間の研究プロジェクトであることは間違いない。のちに研究チームは、調査対象者である男性たちの子どもと配偶者も調査対象に追加した。また、一九七〇年代には、調査対象者の社会的・経済的属性の多様性を拡大するために、ボストン在住の四五六人の勤労者階級の人たちも対象に加えた。これらの研究により導き出された結論は、真剣に受け止めるべきものであり、きわめて示唆に富んでいて、おそらく普遍的なものと考えられている。

ハーバード・ガゼット紙は二〇一七年の記事で、こう記している。

お金や名声より、親密な人間関係こそ、人が人生で幸福を感じるために必須の要素である……。そのような人間関係があれば、さまざまな困難による打撃が和らぎ、精神と肉体の衰弱が緩やかになる。したがって、親密な人間関係の有無を見れば、社会階層やIQや遺伝子を調べるよりも、その人が長く幸せな人生を送れるかどうかがよくわかる。この傾向は、ハーバード大学出身者とボストンの勤労者階級の両方で見られた。[7]

たとえば、子どもの頃に親と温かい関係をもっていた男性は、親子関係が緊迫していた男性よりも、大人になってから稼ぐ金額が多いことがわかった。そのような人たちは、幸福度も高く、高齢になって認知症を患う割合も小さかった。

また、配偶者との関係が強固な人は、生涯で経験する肉体的苦痛と精神的不安が少ない。それに、健康な老後を送れるかどうかは、血中コレステロールの値よりも、親しい友人の有無との関連のほうが強いという。

支えてくれる人がいて、コミュニティとつながっている人は、病気や抑鬱を経験しにくい。逆に、孤独と孤立は、ときとして命に関わる。

現在、この研究プロジェクトの責任者を務める精神医学者のロバート・ウォールディンガーは、二〇一七年に一連の研究による最大の発見について説明している。「身体のケアは確かに重要だが、人間関係の手入れをすることもセルフケアのひとつと位置づけるべきなのである。この点が最大の発見だと思う」[8]

「ワールド後悔サーベイ」の回答者の多くも、これと同じ結論に達したようだ。カリフォルニア州の五七歳の女性はこう述べている。

> 義理の娘が子どもだった頃、もっと抱きしめてあげなかったことを後悔しています。実の母親に取って代わろうとしていると思われたくなかったのです。娘は母親にやさしくされることを必要としていたのに、そのことを理解できていませんでした。

オハイオ州の六二歳の女性も親密な人間関係の大切さを語っている。

父と母は、一年の間隔を置いて二人とも自宅で最期を迎えました。深く後悔しているのは、そのときにもっと一緒に時間を過ごさなかったことです。手を握り、両親が私に与えてくれた素晴らしい日々について話せばよかった。私たちの家族は、抱擁したり、泣いたり、キスしたりするような家族ではありませんでした。両親にとっても自分自身にとっても、そのようなことが必要なのだとわかっていなかったのです。

フロリダ州の七一歳の人物は、こんな経験を語っている。

一四歳だった娘がトランスジェンダーだと打ち明けたとき、私はよく理解できず、うまく対処できませんでした。その結果として、たったひとりのわが子に、世界で最も愛している人間に、途方もない苦痛を与えてしまいました。その後、状況は大きく変わり、いま私は娘の最大の支援者になっています。それでも、いちばん大切なときに親として取るべき態度を取れなかったことに関しては、自分を一生許せないでしょう。

「ワールド後悔サーベイ」で得られた大きな発見のひとつは、子育てに関わるものだ。結婚相手や恋人の選択を誤ったという後悔を語った人は何百人もいたが、子どもをもったことを後悔していると語った人は、一万六〇〇〇人を超す回答者のなかで二〇人に満たなかったのである。[9]

これまでは、行動科学の研究も大衆文化も、恋愛にばかり関心を寄せ、家族同士のつながりに十分に光を当ててこなかったと言えるかもしれない。二〇二〇年、世界のさまざまな国の四〇人を超す研究者たちが二七カ国のデータを調べたところ、学術誌には恋人探しをテーマにした研究があふれているが、世界の人々は「恋人探しよりも家族との絆に関わる目標を重んじている」ことがわかった。[10]

家族同士の長期的な関係に関する研究にもっと力を入れれば、その恩恵は大きい。家族との関係は、恋愛より弊害が少なく、しかも、より大きく、より長期にわたる幸福をもたらせるからだ。

ハーバード大学の精神医学者であるジョージ・ヴァイラントは、三〇年以上にわたってグラント研究を指揮した人物だ。二〇一二年の未公刊の原稿では、その経験を通じて学んだことを振り返っている。

その時点で、研究プロジェクトが始まって七〇年近く。調査対象者は何百人にも上り、インタビュー調査の件数は何千件、収集されたデータは何百万点にも達していた。ヴァイラントはその原稿のなかで、人間の幸せに関する史上最長の研究から導き出せる結論をひとことで表現した——「幸福は愛がすべてである」[11]。

私たちが人とのつながりに関して直面する問題は、いたってシンプルなものだ。人生に生き甲斐と満足感をもたらすのは充実した人間関係だが、意図した結果にせよ、注意不足の結果にせよ、そのような人間関係が崩壊した場合、それを修復することには気まずさがついて回る。関係修復の試みが実を結ばないのではないか、相手がますます気分を害するのではないかという不安を拭えないのだ。

しかし、そうした不安はほとんどの場合、見当違いだ。確かに、相手から拒絶されるケースがないわけではない。けれども、自分がどれくらい居心地悪く感じるかを過大評価し、相手がどれくらい喜ぶかを過小評価している場合のほうがはるかに多い。

こうした点を考えると、このシンプルな問題の解決策は、いっそうシンプルなものだ。要するに、気まずい思いを捨てればいいのだ。

エイミー・ノーブラーは、ディーパとの関係についての後悔——すでに扉が閉ざされてしまった後悔——について考えるとき、タイムマシンで過去に戻り、昔の自分の耳元でアドバイスを囁きたいと思わずにいられない。若き日の自分に対して、次のように言ってやりたいと考えているのだ。

「気まずい思いがあるだろうし、とても居心地が悪く、怖いだろうけれど、最後には喜びが待っている。頭の中に未解決の問題が渦巻き続ける状況に終止符を打てるし、相手も歓迎してくれるから」

シェリル・ジョンソンは、ジェンとの関係についての後悔――まだ扉が開かれている後悔――について考えるとき、少なくともいますぐにその行動を取るつもりがないけれど、自分がどのような行動を取るべきかは直感的に理解している。

「迷うのであれば、連絡を取るほうがほぼつねに好ましい結果になる。気まずく感じたとしても、それだけのこと。人生がおしまいになるわけではない。問題なんてまったくない。逆に、連絡を取らなければ、二人の関係はそのままずっと失われたままになる」

＊＊＊

四種類の深層レベルの後悔はすべて、人間のニーズを浮き彫りにし、そこから教訓を引き出せる。つながりに関わる後悔の根底にあるニーズは、愛へのニーズだ。ここで言う愛は、恋だけに限られない。それは、愛着や献身や共同体意識も含む、もっと広い意味での愛だ。そこには、親への愛、子どもへの愛、きょうだいや友人への愛も含まれる。

では、教訓はどうか。扉が閉ざされている後悔から引き出せる教訓は、次の機会にはもっとうまく行動すべし、というものだ。そして、まだ扉が開いている後悔の場合は、いますぐに行動を起こすべし、というのが教訓になる。

大切に思っている人間関係に綻びが生じたのであれば、電話をかけよう。相手を訪ねよう。自分の思いを伝えよう。気まずさを乗り越えて、連絡を取るべきなのだ。

これまでの人生で強く後悔しているのは、人生のさまざまな場面で自分のニーズや希望を強く主張しなかったことです。学校でも、恋愛でも、旅行の計画でも、さらには食材の買い物ですらそうでした。

——五一歳男性、ニュージャージー州

もっとたくさん木を植えればよかったです。

——五七歳男性、イギリス

ソーシャルメディアで自分をさらけ出しすぎました。そのせいで、私の個人情報が出回りすぎているように感じています。

——二七歳女性、ワシントン州

第11章　「〜できたのに」と「〜すべきだったのに」

あらゆる電話機がカメラ機能をもち、あらゆる人がいつもポケットに電話機を入れて歩くようになる前の二〇世紀、写真の技術はいまよりもっと複雑で、お金のかかるものだった。当時をご存じない世代のために、説明しよう。

その昔、写真を撮影する際は、フィルムに画像を焼きつけていた。撮影者がカメラのボタンを押してシャッターを開く。すると、その瞬間だけ光がなかに入ってくる。その光がフィルム表面の薬剤と反応して、フィルムに画像が記録されるのだ。

こうして画像が記録されたフィルムには、いささか奇妙に感じられる点がある。カメラから取り出されたフィルムでは、画像の明るい部分が黒く、暗い部分が白くなっているのだ。この状態のフィルムは、「ネガ（ネガティブ）」と呼ばれる。これは、まだ写真づくりの途中の段階だ。ネガを紙に印刷すると、暗い部分と明るい部分が反転し、元どおりの色

４種類の深層レベルの後悔

	後悔の内容	根底にあるニーズ
基盤	「もしやるべきことを正しくやっていたら……」	安定
勇気	「もしあのときリスクを取って行動していたら……」	成長
道徳	「もし正しい行動を取っていたら……」	善
つながり	「もし私が手を差し伸べていたら……」	愛

になる。

後悔も写真と似ている点がある。ここまで紹介してきた四種類の後悔は、「よい人生」のネガのようなものだ。人々がなにを最も後悔しているかがわかれば、それを裏返すことにより、人々がなにを最も大切に考えているかが見えてくる。

では、私たちが最も大切に考えているものはなんだろう。

この問いの答えは、四種類の後悔の性格を検討することで見えてくる。上の表はそれをまとめたものだ。

私たちは、ある程度の安定を欲する。それなりにしっかりした物質的・肉体的・精神的な幸福の基盤を築きたい。

私たちは、限りある時間を活用して、探索し、成長することを欲する。そのために、新しいものを追求し、勇気をもって行動したい。

私たちは、正しい行動を取ることを欲する。道徳を重んじる善良な人間でありたい。そして、善良な人物だと思われたい。

私たちは、ほかの人とつながることを欲する。愛情で結ばれた友情や家族との関係を築きたい。

確かな基盤。少しの勇気。基本的な道徳。充実した人間的つながり。後悔というネガティブな感情は、理想の人生を生きるためのポジティブな道筋を浮き彫りにしているのだ。

「現実の自分」「ありたい自分」「あるべき自分」

鏡の中の自分を見ると、そこにはひとりの人間の姿が映っているだろう。しかし、目を凝らすと、三つの「自分」が見えてくる。

コロンビア大学の社会心理学者であるトーリー・ヒギンズが一九八七年に提唱したモチベーションの理論の土台を成すのは、このような考え方だ。ヒギンズによれば、私たちは誰もが「現実の自分」「ありたい自分」「あるべき自分」という三つの自分をもっているという。

現実の自分は、私たちが現在もっている属性の集合体だ。ありたい自分は、「そうなれる」と思っている自己像。希望、願望、夢と言ってもいい。あるべき自分は、「そうなるべきだ」と思っている自己像。義務、約束、責任と言ってもいい。[1]

私たちの行動を突き動かし、私たちがどのような目標を追求するかを決めるのは、三つの自分の食い違いだと、ヒギンズは主張した。たとえば、ありたい自分は健康的な自分なのに、現実の自分は倦怠感に悩まされていて、太りすぎているとすれば、この両者のギャップに突き動かされてエクササイズを始めるかもしれない。あるべき自分は高齢の家族や親族の世話をする自分なのに、現実の自分はもう半年も祖母の家を訪ねていないとすれば、仕事を早めに切り上げて、祖母の家に向かうかもしれない。

しかし、そのような行動を起こさず、現実の自分と、ありたい自分、もしくはあるべき自分の間のギャップが解消されなければ、不快な感情が湧いてくる。

二〇一八年、ニュースクール大学（ニューヨーク）のシャイ・ダヴィダイと、読者にはもはやお馴染みのトーマス・ギロヴィッチは、このヒギンズの仮説に基づいて後悔について調べた。ギロヴィッチの過去の研究により、人は長い目で見ると、行動したことよりも行動しなかったことを後悔するとわかっていた。この二〇一八年の研究では、それを応用する形で六つの研究をおこなった。

すると、ひとつの結論が浮かび上がってきた。人は、あるべき自分になろうとしなかったことよりも、ありたい自分になろうとしなかったことを深く後悔するとわかったのだ。

「〜〜できたのに」という後悔の数は、「〜〜すべきだったのに」という後悔の三倍近くに上ったのである。

その理由はおそらく、二種類の後悔がもたらす感情の違いにあるのだろう。現実の自分とありたい自分の間にギャップがあれば、人は落胆する。一方、現実の自分とあるべき自分の間にギャップがあれば、人は取り乱して、ギャップを埋めようとする可能性が高い。

あるべき自分に関わる後悔を感じたときのほうが人は強い切迫感をいだくため、ありたい自分に関わる後悔を感じたときよりも、修復のための行動を起こすケースが多い。過去の行動を取り消したり、謝罪したり、失敗から学習したりする。[2] こうして「〜〜すべきだったのに」の多くは是正されるため、私たちは「〜〜すべきだったのに」よりも「〜〜できたのに」に長く苦しめられるのである（＊注）。

以上の分析から、後悔の深層構造に関してもうひとつ得られる視点がある。ありたい自分になれていないことは、機会を追求しなかったことと言い換えられる。一方、あるべき自分になれていないことは、義務を果たさなかったことと言い換えられる。前章までで論じた四種類の後悔は、機会を追求しなかったことへの後悔と、義務を果たさなかったことへの後悔のいずれか、あるいは両方の性格をもつ。

勇気に関わる後悔（「もしあのときリスクを取って行動していたら……」）は、おおむね機会を追求しなかったことへの後悔だ。[3] 基盤に関わる後悔（「もしやるべきことを正しくやっていたら……」）も、おおむね機会を追求しなかったことへの後悔と言えるだろう（教育を受ける機会、健康的に生きる機会、金銭面での安定を確保する機会を生かさなかったことを後悔しているとみなせるからだ）。

一方、つながりに関わる後悔（「もし私が手を差し伸べていたら……」）は、両方の組み合わせだ（友情をはぐくむ機会を追求しなかったケースと、家族やそのほかの人たちへの義務を果たさなかったケースの両方がありうる）。道徳に関わる後悔（「もし正しい行動を取っていたら……」）は、義務を果たさなかったことへの後悔とみなせるだろう。

このように、機会と義務はいずれも後悔という感情の中核に位置している。しかし、より大きな存在なのは、機会のほうだ。私たちが「やったこと」よりも「やらなかったこと」を後悔する場合が多いことも、これにより説明できる。

ニール・ローズとエイミー・サマーヴィルもこう指摘している。「行動したことへの後悔より、行動しなかったことへの後悔が長引く理由のひとつは、行動しなかった場合、よ

（＊注）この考え方は、『死ぬ瞬間の5つの後悔』（邦訳・新潮社）という二〇一二年刊行の書籍にも出てくる。著者のブロニー・ウェアは、緩和ケアの介護に長年携わった人物。この本では、何人かの患者が語った後悔について記している。患者たちの後悔のなかでとくに際立っていたもののひとつは、「まわりの人たちの期待に従うのではなく、自分に正直に生きる勇気があればよかったのに」というものだった。

り大きな機会が失われたと感じられることにある」[4]

機会の重要性は、「アメリカ後悔プロジェクト」の定量データを改めて点検すると、いっそうくっきりと見えてきた。この調査は、規模が大きく、調査対象者の幅も広いため、人々の属性ごとの比較をおこなうことができる。女性がいだく後悔と男性がいだく後悔に違いはあるのか。黒人と白人がいだく後悔は異なるのか。貧富の差は、その人がいだく後悔の内容に影響を及ぼすのか。

ひとことで言えば、属性による違いはあまり大きくない。しかし、もう少し丁寧に見ると、興味深いことを指摘できる。比較によって浮かび上がってきた属性ごとの違いは、後悔の感情を生む要素として機会がいかに大きな存在かを裏づけるものと言えるのだ。

たとえば、回答者の教育レベルによる違いを見てみよう。大学卒の回答者は、そうでない人たちに比べて、キャリアに関する後悔をいだく割合が大きい。一見すると、意外な結果に思えるかもしれない。大学を卒業していれば、一般的に職業の選択肢が広がるからだ。しかし、実際には、選択肢の多さこそが後悔の原因になっている可能性がある。大卒者のほうがキャリアに関する機会が多いため、失われる機会も多いからだ。

所得水準についても同様のパターンが見られる。お金に関する後悔には、世帯所得と緊密な相関関係が見られた。世帯所得が少ないほど、お金に関する後悔をいだく人の割合が大きかったのだ。この点は予想どおりと言えるだろう。しかし、キャリアに関する後悔については、正反対の傾向が見られた。所得が多いほど、キャリアに関する後悔をいだく人の割合が大きかったのである。ここでもやはり、機会が多いほど、機会が失われたことに対する後悔をいだく可能性が大きくなると言えそうだ。

また、教育に関する後悔をいだく割合が最も大きかったのは、大学に進学したのに卒業しなかった人たちだった。そのような人たちのなんと四人に一人が、最も大きな後悔の対象として教育を挙げている。これも、機会が失われたという思いが原因なのかもしれない。

機会が妨げられたという思いは、「アメリカ後悔プロジェクト」で唯一見られた人種間の違いを生み出した原因である可能性も高い。この調査では、人種間の違いはきわめて小さかったが、ひとつの点だけが例外だった。白人以外の人たちは白人に比べて、教育に関する後悔を多くいだいていたのだ。これは、アメリカで人種により教育の機会に格差があることが理由なのだろう。

回答者の年齢による違いも、機会が後悔のきわめて重要な要素であること、そして、機会と後悔の間に逆説的にも見える関係が存在することを浮き彫りにしている。「アメリカ後悔プロジェクト」では、二〇歳の人の場合、行動したことへの後悔と、行動しなかったことへの後悔の数はほぼ変わらない。しかし、年齢を重ねると、行動しなかったことへの後悔が中心になっていく。五〇歳では、行動しなかったことへの後悔は、行動したことへの後悔の二倍に達している。

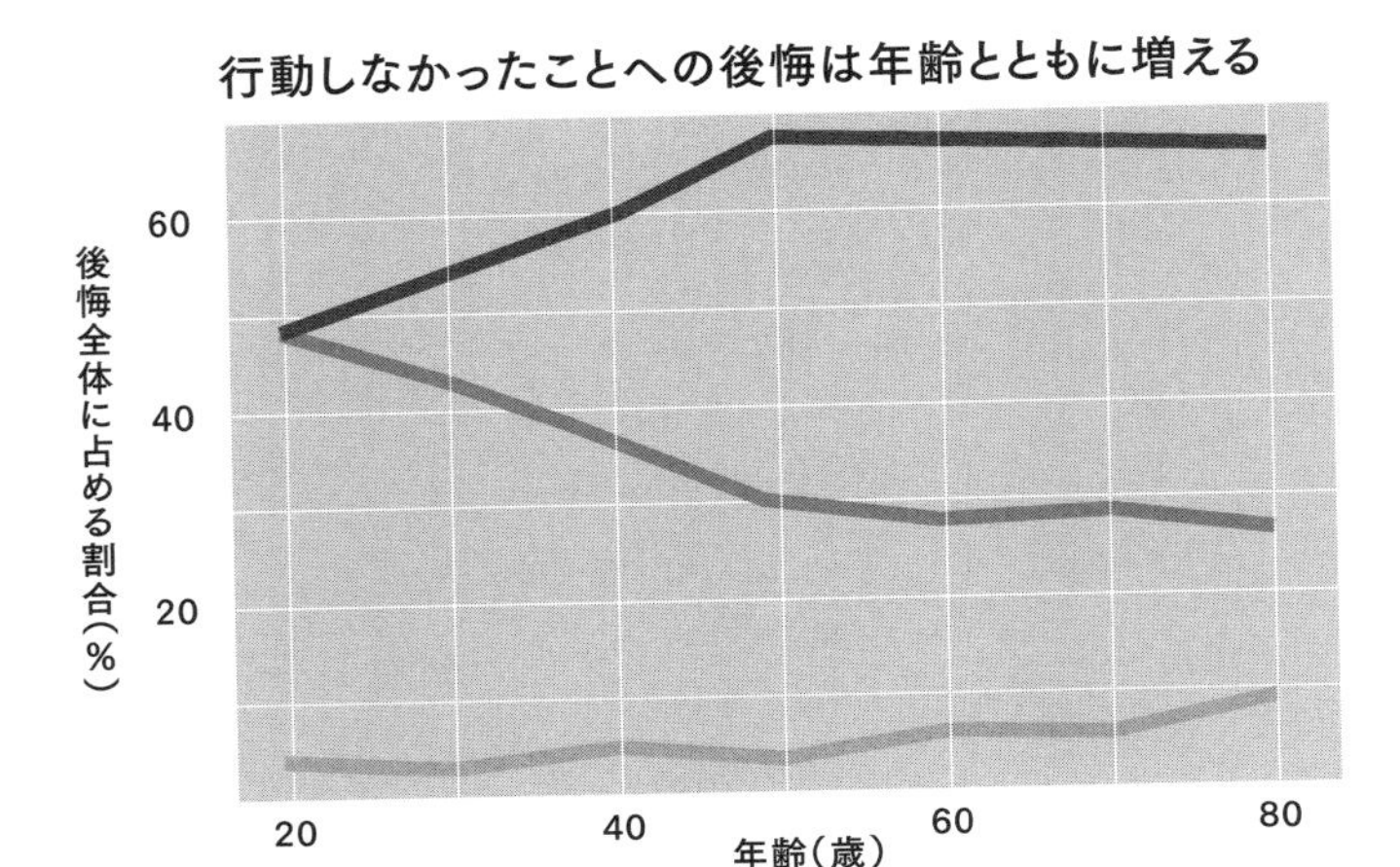

出典:Pink, Daniel, et al., American Regret Project (2021)

この調査のデータを分析すると、行動しなかったことへの後悔をいだくことと際立って強力な関連がある属性は年齢だ。年齢が上がり、自分の前に開けている機会が減りはじめると、人は過去に行動しなかったことを後悔するようになるらしい。

ただし、年齢を重ねた人たちは、若い人たちとは異なる場で機会を追求しようとする。三〇~六五歳の人たちの場合、最も多く見られる後悔はキャリアとお金に関するものだ。これはおそらく、そのような年齢では、これらの領域における機会がまだ多く開けているからだろう。しかし、高齢になるにつれて、教育、健康、キャリアに関する後悔はあまりいだかなくなる。代わりに、家族に関する後悔が増える。

そのひとつの理由は、七〇歳にもなれば、

これから博士号を取得したり、新しいキャリアを切り開いたり、何十年にもわたる不摂生の埋め合わせをしたりする機会が比較的少ないことにあるのだろう。これらの機会に関しては、扉が閉ざされつつある。けれども、お互いの命があるうちに、疎遠になっているきょうだいと和解する機会は残されている。この扉はまだ開かれているのだ。

「アメリカ後悔プロジェクト」では、男女の違いはあまり大きくなかったが、違いは確かに存在した。たとえば、男性は女性よりもキャリアに関する後悔をいだくケースが多い。この種の後悔をいだいている人の割合は、男性が五人に一人だったのに対し、女性はわずか一二%だった。一方、女性は男性よりも家族に関する後悔をいだくケースが多い。この種の後悔をいだいている人の割合は、女性が二四%だったのに対し、男性は一八%だった。

この調査では、こうした違いが生じる理由について断定的な結論を導き出せるような質問をしていない。それでも、男性は平均的に職業上の機会に重きを置き、女性は平均的に人間関係に関する機会に重きを置く傾向があると言えそうだ（＊注）。

夢と義務があってこそ真の人生

私たちは、実行しなかった義務よりも、失われた機会について後悔することのほうが多い。しかし、誰もがよく知っているように、本当に人間らしい人生とは、夢と義務の両方の要素が揃っている人生だ。[5] 人々がいだく後悔が写真のネガのようにくっきりと描き出すのは、真に人間らしく生きるうえでは、自分のための夢と、ほかの人たちへの義務の両方を大切にする必要があるということだ。

義務ばかりで、機会のない人生では、成長できない。しかし、機会だけで、義務を伴わない人生は、空疎だ。機会と義務の両方を重んじる人生こそが真の人生なのである。

次章以降では、そうした人生を生きるために、自分がすでにいだいている後悔をどのようにに変容させ、将来いだく後悔をどのように予期すべきかをテーマにする。

（＊注）過去の研究では、性的なことがらに関する後悔でも男女の違いが見られている。カリフォルニア大学ロサンゼルス校（ＵＣＬＡ）のアンドリュー・ガルペリンとマーティー・ヘイゼルトンの二〇一三年の研究によれば、男性の性的な後悔は、行動しなかったことへの後悔、つまりセックスをしなかったことへの後悔である場合が多い。それに対して、女性の性的な後悔は、行動したことへの後悔、つまりセックスをしたことへの後悔である場合が多い。同様に、ニール・ローズの研究によると、男性がいだく恋愛関連の後悔はおおむね、行動しなかったことへの後悔だが、女性がいだく恋愛関連の後悔は、行動したことへの後悔と行動しなかったことへの後悔がほぼ半々だという。(Galperin, Andrew, Martie G. Haselton, David A. Frederick, Joshua Poore, William Hippel, David M. Buss, and Gian C. Gonzaga. "Sexual regret: Evidence for evolved sex differences." *Archives of Sexual Behavior* 7, no. 42(2013): 1145–61; Roese, Neal J., Ginger L. Pennington, Jill Coleman, Maria Janicki, Norman P. Li, and Douglas T. Kenrick. "Sex differences in regret: All for love or some for lust?" *Personality and Social Psychology Bulletin* 32, no. 6(2006): 770–80.)

ジェシカにやさしく接することをやめてしまいました。学校でジェシカが生理になって、それが三日間続いたときに、『ブラッディ・マリー（血まみれの）』と呼んで笑ったこともありました。

——三九歳女性、ノースカロライナ州

妻に何度でもキスできたはずなのに、しなかったことを後悔しています。六二年間の結婚生活の間、私は忙しすぎたのです。結局、妻は新型コロナで亡くなりました。

——八四歳男性、テキサス州

楽譜の読み方と楽器の演奏を学ばなかったことを後悔しています。いま考えると、熱烈な音楽好きではなくても、学んでおいて損のないスキルだと思います。

——一七歳女性、日本

PART 3

後悔とどのように向き合うか

第12章 過去の行動の取り消しと「せめてもの幸い」思考

ジェフ・ボズレーは、ただカッコよくなりたかっただけだった。

陸軍に入隊したのは二九歳のとき。フォートブラッグ陸軍基地（ノースカロライナ州）に配属された新兵のなかでは最年長だった。新兵訓練を担当する軍曹も自分より年下だった。どうにかみんなに溶け込みたいと思ったジェフは、ある夜、数人の同僚と町へ出掛け、タトゥー店を訪ねた。

自分の勇ましさを部隊の仲間にアピールできる絵柄や言葉を――本人の言葉を借りれば、「超マッチョ」なシンボルを――彫りたいと思ったのだ。タトゥーを入れるのは、左腕にしようと決めた。「ライフルを構えたときに自分の目に入る場所」だからだ。

コンピュータの「ワード」でいろいろなフォントの候補を見せられて、「パピルス」を選んだ。こうして、およそ一〇〇ドルの料金と引き換えに、左腕に九文字のアルファベッ

人は「やらなかったこと」よりも、「やったこと」を修正しようとする傾向があるのだ。

その理由はいくつもある。第8章と第9章で見たように、行動したことへの後悔は、具体的な出来事をきっかけに生じる場合が多く、しばしば強烈な感情を伴うため、すぐに対処したくなる。それに対し、行動しなかったことへの後悔は、もっと漠然としていて、ただちに強烈な感情を引き出さない場合が多い。

それに、行動しなかったことへの後悔はその性格上、往々にして取り消すことが難しい。二〇代になって、高校時代にもっと勉強すればよかったと後悔したとしても、高校生活をやり直すことはできない。できるのは、未来の行動を変えることだけだ。

それと異なり、行動したことへの後悔は、現在の状況を修正できる余地がまだある。言ってみれば、コンピュータのキーボードで「Ctrl+Z」を押すようなことが可能なのだ（＊注）。たとえば、道徳に関わる後悔は、自分より弱い子どもをいじめたり、配偶者を裏切ったり、同僚を侮辱したりといった行動がきっかけであることが多い。この種の後悔では、取り消しのひとつの方法は謝罪することだ。

偉大な社会学者の故アーヴィング・ゴッフマンによれば、謝罪するとは、「みずからに

（＊注）私のようなマック・ユーザーの場合は、「Command+Z」と言うべきかもしれない。

非難されるべき事情があることを認めて、望ましくない事態への後悔を表明することにより、当事者が許しを請おうとする行為」である。[2] もし許しが与えられれば、過去の感情的・道徳的債務が軽減されて、少なくとも部分的にはそうした債務を返済できる。

過去の行動を取り消せば、現在の状況が改善される。そうしたことには、もちろん恩恵がある。しかし、取り消しても、過去の行動を完全になかったことにできるとは限らない。ジェフ・ボズレーは何度も皮膚科に通い、左腕に刻まれた文字は読み取れなくなったけれど、痕跡が完全に消えたわけではない。「いまでも軽い切り傷のような跡が残っています」とのことだ。

行動したことへの後悔を是正したい場合は、まず以下の問いを自分に問いかける必要がある。

＊（道徳に関わる後悔のほとんど、そしてつながりに関わる後悔の一部がそうであるように）誰かを傷つけてしまった場合は、謝罪したり、そのほかの形で感情的もしくは物質的な埋め合わせをしたりすることにより、状況を改善できるか。

＊（基盤に関わる後悔の多くとつながりに関わる後悔の一部がそうであるように）自分自身を傷つけてしまった場合は、その過ちを是正できるか。借金の返済を始めたり、仕事に取

り組む時間を少し増やしたりできるか。関係が切れてしまった人に、いますぐ連絡を取ることができるか。

取り消すことが可能な場合は、それを試みればいいだろう。肉体と精神に軽い傷が残るとしても、その価値はある。一方、取り消すことが不可能な場合も、絶望する必要はない。もうひとつの方法がある。

ステップ2　「せめてもの幸い」思考を実践する

現在の状況を改善するためのもうひとつの方法は、過去の行動を修正するのではなく、過去の行動に対する見方を変えるというものだ。私自身の経験をひとつ紹介しよう。

三〇年前、大学を卒業してほどなく、私は法科大学院に進んだ。私はそのことを後悔している。別に悲惨極まる経験をしたわけではない。けれども、お粗末な選択だったと言わざるをえない。もっと賢明な選択をしていれば——たとえば、もう少し時間をかけて判断するなり、まったく別の道を選ぶなりしていれば——もっと充実した人生を送り、もっと世界に貢献できたのではないか、職業生活の初期にそれほど苦戦せずに済んだのではないかと考えずにいられないのだ。

けれども、妻と出会ったのは、この法科大学院でのことだった。妻と巡り合えたことは、私の人生における最大の勝利と言っても過言でない。法科大学院に入学したことは、取り消しようがない。しかし、「もし〜〜していれば……」という発想を「せめてもの幸いは……」という発想に転換すれば、痛みが和らぐ。法科大学院に入学したのは失敗だったかもしれないが、少なくともそのおかげで妻と出会えた、と考えるのだ。

「せめてもの幸いは……」と考えたとしても、将来の行動が変わったり、今後のパフォーマンスが向上したりするわけではない。しかし、現在に対する見方を変える役には立つ。「ワールド後悔サーベイ」では、元の夫と結婚したことを人生最大の後悔として挙げた女性が何人かいた。しかし、子どもがいる女性たちは、失敗だった結婚生活で生まれた子どもをとても愛していた。

「役立たずの男と結婚したことは後悔している。でも、せめてもの幸いは、かわいい子どもに恵まれたこと」と、こうした女性たちは言う。雲間から差し込む一筋の光を見つけたからと言って、雲が存在しなくなるわけではない。それでも、雲に対する見方を変えることができる。

また、「せめてもの幸い」思考は、配偶者選びの失敗など、重大な後悔にも効果があるが、本書で論じてきた四つのカテゴリーに属さない厄介な後悔に対処するうえでも有効だ。たとえば、あなたが最近新しい自動車を購入し、早くもその選択を後悔していて、別の自動車を買えばよかったと思っているとしよう。それでも、あなたが買った自動車が安全で、十分な機能を備えていれば、長い目で見た場合の幸福と満足に及ぼす悪影響はほとんどない。実際、どのような自動車を買ったとしても、それが質素な車だろうと、ゴージャスな車だろうと、人はすぐに慣れるものだ。[3]

したがって、後悔から将来への教訓（「次は購入する前にもっと注意深く情報収集しよう」）を引き出そうと努めるのに加えて、「せめてもの幸い」思考も実践すればいい。場合によってはもっとひどい結果になっていたかもしれない、と考えてみるのだ。「少なくとも、悪い買い物ではなかった」「トランクの狭い車を買わなかったのは、幸いだった」「金額に見合った商品ではあった」などと考えよう。

「せめてもの幸い」思考は、後悔を安堵に変える効果を発揮する場合がある。その効果は、ときとして非常に大きい。しかし、「せめてもの幸いは……」という考え方は、「もし〜〜していれば……」という考え方とは比較にならないくらい、自然には意識に上りにくいため、必要に応じて意識的に呼び起こさなくてはならない。

「せめてもの幸い」思考は、抗生物質に似ている。私たちは、ときには抗生物質を飲んで心の免疫システムを強化し、ある種の有害な感情をはねのけることも必要なのだ。[4] 抗生物質は、頻繁に飲みすぎると、次第に効きにくくなる。けれども、賢く使えば、健康を保つのに役立つ。

行動したことへの後悔により気持ちが沈んでいるときは、自分にこう問いかけよう。

*いま後悔している意思決定がもっとひどい結果を招いていた可能性はないか。

*この後悔に関連して、一筋の明るい光を見いだすとすれば、それはどんなことか。

*次の文を完成させるとすれば、どうなるか。「せめてもの幸いは……」

＊＊＊

私がこの文章を書いている時点で、ジェフの後悔を消すプロセスは完了していない。時間を要し、痛みを伴うタトゥー消去の処置はまだ続いている。さらに数回の治療とさらに多くの費用が必要になりそうだ。

でも、せめてもの幸いは、もっと大きな文字でタトゥーを彫らなかったことだ。

これまでの人生ではずっと、理性的思考を学ぶことに時間を費やしてきました。私はそれと引き換えに、**人の感情を理解することをおろそかにしていました。**

――四〇歳女性、ブラジル

後悔しているのは、自分の内なる声を無視して、もっと冒険したいという思い（ほかの国に移住したり、上司がムカつくときに転職したりしたいという思い）に従わなかったこと。自分の気持ちを大切にするのではなく、社会の期待に従ったことです。

――四七歳女性、シンガポール

一九九九年のその日、気の重い商談に向かう途中でキャメルのたばこを買ったことを後悔しています。それ以来、今日にいたるまで私はたばこを吸い続けています。かなりたくさん吸うこともあります。それも、たばこを吸うのが楽しいからではなく、習慣でやめられないのです。

――四四歳男性、ウェストバージニア州

第13章

後悔を認めることからはじめる

シェリル・ジョンソンのことをまだ覚えているだろうか。そう、つながりに関わる後悔に苦しめられている女性だ。大学時代の親友であるジェンとの関係が自然と疎遠になっていくままにして、四半世紀。親密な友情と同志意識を懐かしく感じている。

これは、行動しなかったことへの後悔だ。そのため、取り消しによって状況を改善することはできない。四半世紀の空白をいまさらなかったことにはできないからだ。「せめてもの幸いは……」と考えることもできない。「私たちの友情は自然消滅してしまったけれど、せめてもの幸いは大喧嘩をしなかったこと」と自分に言い聞かせても、大した慰めにはならないし、現状がよくなるわけでもない。

シェリルが取れる最善の行動は――これは、行動したことへの後悔にせよ、行動しなかったことへの後悔にせよ、大半の後悔に言えることだ――後悔をきっかけに未来の行動を改善することだ。前に進みたいという明確な意図をもって過去を振り返れば、後悔を前進の推進力に転換できる。後悔はときに、より賢い選択をおこない、より高い成果を挙げ、人生の充実感をより大きくする後押しをしてくれるのだ。この点は、科学的な研究によっても裏づけられている。

後悔というネガティブな感情を無視したり、もっとひどい場合には、くよくよと考え続けたりするのではなく、感情は思考のためにあり、思考は行動のためにあることを思い出そう。具体的には、シンプルな三段階のプロセスを通じて、まず自分が後悔をいだいているという事実を認め、続いてその経験に対する見方と自分に対する見方を改め、最後にそこから教訓を引き出して、将来の意思決定を改善することを目指せばいい。

ステップ1　セルフ・ディスクロージャー――その経験を言葉で再現し、心の重荷を軽くする

サルは目を見張るほど複雑な社会を築いているが、まだ中央銀行をつくって紙幣を刷り、通貨の供給量をコントロールすることまではおこなっていない。そこで、霊長類学者たちは、サルがなにを大切に感じているかを定量的に調べたいとき、「液体通貨」なるものを用いる。霊長類学者以外の私たちは、一般にそれを「ジュース」と呼んでいる。

具体的に言うと、サルが研究者の求める行動を取るのと引き換えに、どれくらいの量の

フルーツジュースを欲するか、自分の望む行動を取る代償として、どれくらいの量のフルーツジュースを諦めるかを調べるのだ。この方法により、サルたちがどのようなことを重んじているかを数値評価することができる。

この方法論の確立に一役買った元デューク大学のロバート・ディーナー、アミット・ケラ、マイケル・プラットは二〇〇五年、オナガザル科マカク属のサルのオスが地位とセックスに関するシグナルをどれくらい重んじているかを調べた。

研究チームが実験したところ、オスのサルたちに、地位の低いオスの写真をじっくり見させようと思えば、たくさんのジュースを与えなくてはならなかった。しかし、オスのサルたちは、地位の高いオスの写真やメスの尻の写真には強くひきつけられたらしい。これらの写真をちらっと見ることと引き換えに、ジュースを諦めるケースが多かった。

オスのサルたちは、地位の低いサルの写真を見るのと引き換えに「液体通貨」の支払いを要求する一方、地位の高いサルや魅力的なメスのサルの写真を見るためにはみずからが「液体通貨」を支払うことにやぶさかでないのである。サルたちは、支配力と性的健康の指標に高い価値を見いだしていると言えそうだ。[1]

二〇一二年、現在プリンストン大学に在籍するダイアナ・タミールと、ハーバード大学のジェーソン・ミッチェルは、この手法に修正を加えた方法を用いて、マカク属の近しい親類について調べた。そう、人間がなにを最も重んじているかを調査したのである。

ひとつの研究では、実験参加者に三つの選択肢を示した。自分について思っていることを語る、ほかの人たちの考えていることについて評価をくだす、雑学クイズに回答するという三つだ。そして、それぞれの行動を取ることに対して、異なる金額の報酬を提示した。一九五回の実験を重ねたところ、人々の選好は明白だった。実験参加者たちは、自分について語ることを非常に好んだ。ほかの選択肢に比べて、受け取ることのできる報酬が際立って少ないにもかかわらず、この選択肢を選ぶ人が多かったのである。「サルが地位の高いサルの写真を見るために、ジュースを諦めたのと同じように……実験参加者たちは自分について語るために、報酬を諦めたのである」と、タミールとミッチェルは記している。[2]

タミールとミッチェルがｆＭＲＩ（機能的磁気共鳴画像法）を用いて、実験参加者の脳内の状態を調べたところ、自分について語った人たちは、食べ物、お金、セックスに反応する脳の部位（側坐核と腹側被蓋野）が強く活性化していることがわかった。この一連の研究により、「セルフ・ディスクロージャー（自己開示）という行為それ自体が満足感をもたらすという、行動レベルと神経レベルの証拠が得られた」と、この研究は結論づけている。[3]

行動したことへの後悔にせよ、行動しなかったことへの後悔にせよ、あらゆる後悔に対処するうえで最初に実践すべきステップは、セルフ・ディスクロージャー、すなわち自己開示だ。

私たちはたいてい、自分についてネガティブな情報をほかの人に知らせることに気が進まない。バツが悪かったり、もっと言えば恥ずかしかったりするためだ。しかし、膨大な数の研究により明らかになっているように、自分の思考や感情、行動を開示すると――その方法はほかの人に話すことでもいいし、単に文章に書くだけでもいい――数々の肉体的・精神的・職業的恩恵があるという。

セルフ・ディスクロージャーは、高血圧の改善、学業成績の上昇、対処能力の向上などと関連があるとわかっている。[4]「人間には、ほかの人たちに自分の思考を開示したいという欲求が備わっているのかもしれない」と、タミールとミッチェルは述べている。[5]

セルフ・ディスクロージャーは、後悔に対処するうえでとりわけ有益だ。自分が後悔しているという事実を隠そうとすると、精神と肉体に重い負担がかかる。あまりに強く後悔を抱え込みすぎれば、くよくよ考え続けて有害な結果を生みかねない。

それよりも好ましいのは、言ってみれば、その経験を言葉で再現（＝relive）し、心の重荷を下ろす（＝relieve）ことだ。自分がいだいている後悔を開示することにより、心の重荷が軽くなり、自分の後悔について理解を深めることが可能になる。

たとえば、カリフォルニア大学リバーサイド校のソニア・リュボミアスキーなどの心理学者たちがおこなった研究によると、ネガティブな経験とポジティブな経験には、異なる対処法を実践したほうがよさそうだ。

その研究によれば、一日に一五分間、後悔などのネガティブな経験について文章の形で記したり、さらにはその経験について語ってテープレコーダーに吹き込んだりすると、人生に対する満足感全般が大幅に高まり、肉体的・精神的な状態が向上した。それも、頭の中でその経験について考えるだけでは得られないような効果があった。ところが、ポジティブな経験に関しては、逆の現象が見られた。成功の経験など、好ましい出来事について書いたり話したりすると、その経験に対するポジティブな気持ちが弱まったのだ。[6]

どうして、このようなことが起きるのか。そして、なぜセルフ・ディスクロージャーが後悔に対処するうえで重要なのか。その理由は、文章にせよ、口頭にせよ、言葉にすることにより、自分の思考を筋道立てて整理できる点にある。それを通じて、頭の中のぼんやりした抽象的思考が具体的な言葉に転換されるのだ。こうしたことは、ネガティブな感情に対処するうえで好ましいことと言える。[7]

これまで述べてきたように、感情を思考のシグナルとして活用すれば、後悔を通じて、私たちはよりよい人間になれる。感情が思考のためにあり、思考が行動のためにあるのだとすれば、後悔することにより、意思決定の質が改善し、課題に対するパフォーマンスが向上し、人生の充実感が高まる可能性があるのだ。

自分の後悔を文章にしたり、誰かに打ち明けたりすると、後悔が感情の領域から認知の領域に移行する。言語化することにより、不愉快な感情を野放しにせず、その感情を捕まえて分析できるようになるのである。一方、ポジティブな経験に対しては、このアプローチはあまり有効でない。幸せな経験に関しては、分析したり、理解を深めたりしないほうが喜びと驚きの感情を維持しやすいからだ。素晴らしい経験を事細かに分析すると、その素晴らしさが薄まってしまう[8]。

セルフ・ディスクロージャーをおこなうこと、とりわけ過去に思慮深く行動しなかったり、不誠実に振る舞ったり、勇気を奮い起こせなかったりした経験を打ち明けることに対して、私たちがしばしば不安に感じる点のひとつは、まわりの人たちからの評価が下がるのではないかということだ。

しかし、それはたいてい考えすぎだ。もちろん、セルフ・ディスクロージャーのしすぎはよくない。あなたが私的なことを詳細に語りすぎれば、まわりの人たちは居心地悪く感じかねない。けれども、さまざまな研究によると、セルフ・ディスクロージャーは、否定的な評価を引き出すより、親近感をはぐくむケースが多い。このテーマについての研究をメタ分析した研究によると、「私的なことを打ち明ける人は、あまり私的なことを語らない人に比べて、好かれやすい」という[9]。

それでも周囲の人たちの反応が気になる人は、かならずしも他人に後悔を打ち明けなくてもいい。自分自身に対して、後悔を言葉にするだけでも意味がある。テキサス大学の社会心理学者であるジェームズ・ペンベイカーが一九九〇年代に先鞭をつけ、それ以来三〇年にわたりペンベイカーやほかの研究者たちが進めてきた研究によると、つらい感情を文章にすれば、それを誰にも読ませなくても、ときに大きな効果があるという。

報告されている効果はさまざまだ。病院の受診回数が少なくなり、長期にわたって心理状態が良好になり、免疫機能が強まり、学業成績が向上し、失業者が就職先を見つけるまでの期間が短くなるといったことである。[10] しかも、ペンベイカーによれば、そのような恩恵に浴せる状況は非常に多い。「自分について語ることの恩恵は、さまざまな局面で、多くの個人レベルの違いを越えて、いくつかの西洋社会に共通して、誰かからのフィードバックがある場合も、ない場合も見られると言えそうだ」[11]

シェリル・ジョンソンは、すでに自分の後悔を言葉にした。まず「ワールド後悔サーベイ」の回答を記し、親友との絆を保てなかった経験について私のインタビューでも語った。その経験をありのままにすべて語るのは、私との会話がはじめてだとのことだった。それを通じて、自分の感情をはっきり知ることができ、心の重荷が少し軽くなったという。

セルフ・ディスクロージャーは、それ自体が満足感をもたらし、しかもそのほかの付随的な恩恵ももたらす。心の重荷が軽くなり、漠然としたネガティブな感情を具体的に認識できるようになり、まわりの人と親密な関係を築けるのだ。

そこで、後悔を活用して未来を改善したい場合は、以下の行動のいずれかを試すといい。

＊自分の後悔について、三日続けて一五分かけて文章に記す。

＊自分の後悔について、三日続けて一五分かけて語り、それを録音する。

＊自分の後悔について、誰かに話す。その際は、なにがあったかを詳しく語ること。ただし、時間の上限は決めておくほうがいい（最長三〇分くらいがいいかもしれない）。同じことを何度も話したり、くよくよ考えたりすることを避けるためだ。

ステップ2　セルフ・コンパッション——その経験を当たり前のことと位置づけ、影響を無力化する

セルフ・ディスクロージャーを実践することにより、どのような後悔をいだいているかが自分と周囲の人に明らかになる。次は、その後悔にどのように対処するかを選択する段階だ。その状況に気楽に臨むべきか、それとも気合を入れて臨むべきか。自分に厳しい姿勢を取ることと、自尊心をいだくことと、どちらが有効なのか。

この問いの答えは、どちらも有効でない、というものだ。

私自身は、自分の欠点に対していっさい妥協せず、生涯を通じてそのような姿勢に磨きをかけてきた人間だ。しかし、このアプローチの有効性を裏づける研究結果を探してみて、驚くことになった。そのようなデータはあまり存在しなかったのだ。

確かに、自己批判によりパフォーマンスが向上するケースもないわけではない。自己批判の対象がその人の基本的な性格や傾向ではなく、特定の行動である場合は、効果がありうる。しかし、注意深くコントロールして、過度に拡大しないように気をつけないと、自己批判は、自分自身に向けた空疎な建前の表明になってしまう。自分を厳しく評価すれば、強さと野心を表現できるかもしれないが、それは往々にして生産的な行動とは言えず、よくよく考えて絶望感に苛まれる結果を招く。[12]

自己批判の対極にあるのは、自尊心だ。自尊心をいだくことは、自己批判よりも大きな効果を発揮する可能性がある。育児や教育の分野では、子どもの自尊心をはぐくむために、子どもを褒めたり、競技会などで参加賞として立派なトロフィーを贈ったりすることがしばしばおこなわれている。

自尊心は、自分をどれくらい価値ある存在と考えるかに関わるものだ。あなたは、いまの自分をどの程度好ましいと感じているだろうか。自分の特徴や振る舞いをどれくらい高く評価しているか。さまざまな調査によれば、自尊心が強い人たちは、自分の外見、頭脳、人気を高く評価する傾向があるのに対し、自尊心が弱い人たちは、これとは逆の傾向がある。ただし、興味深いことに、いずれの場合も、そのような自己評価は、その人物の実際の賢さや魅力、人気と相関関係がない。[13]

私たちは誰でも、いまを生き抜き、将来に成功を手にするために、ある程度の自尊心が欠かせない。それに、自尊心を強めようと努めれば、パフォーマンスが向上し、抑鬱と不安が緩和される。

しかし、自尊心をもつことにはマイナスの面もある。実際の成果とは関係なく、やみくもに自分を肯定する結果、ナルシシズムが生まれたり、ほかの人の立場に立ってものを考えることが難しくなったり、攻撃的な態度を取りがちになったりする場合がある。たとえば、犯罪者は平均よりも自尊心が高いと言われている。また、強い自尊心をもつ人は、みずからの属する集団を過剰に評価し、ほかの集団に対して偏見をいだく可能性もある。[14] 強い自己評価はほかの人たちとの比較により生まれるため、自分自身を高く評価すれば、ほかの人たちを見下すことになる場合が多い。

自尊心にはこうした短所があるため、この半世紀ほど、エドワード・デシ、リチャード・ライアン、故アルバート・バンデューラといった傑出した社会科学者たちがそれに代わるアプローチを探し続けてきた。

そうしたなかで、最も強力で期待のもてるアプローチは、二〇年近く前にテキサス大学の心理学者クリスティン・ネフが切り開いたものだ。後悔に対処するプロセスの二番目のステップでは、それを実践する。そのアプローチが、「セルフ・コンパッション」である。

人は、自分が失敗したとき、自分に厳しい態度を取ることが多い。同様の失敗を犯した友人や家族、赤の他人に対するよりも厳しい目を自分に向けてしまうのだ。この点にネフが気づいたことが、セルフ・コンパッションの考え方が生まれる出発点のひとつになった。

自分の失敗に厳しい姿勢は生産的でないと、ネフは研究により明らかにした。挫折や失敗を経験したときに、自分を過小評価したり、叱責したりするのではなく、同じ境遇の他人に対するのと同じように温かく理解することを心がけたほうが好ましい結果につながる。

セルフ・コンパッションは、厳しい批判の代わりに、基本的にはやさしい態度で自分に接することから始まる。といっても、自分の失敗や弱点から目を背けるわけではない。「人は誰でも完璧ではなく、人生で失敗し、困難にぶつかるものだ」と考えるのである。[15]そうやってネガティブな経験を当たり前のことと位置づけることにより、その影響を無力化することを目指す。

セルフ・コンパッションは、私たちがネガティブな感情への対処の仕方で中間の道を歩むことを可能にする。そのような感情を抑え込むのでもなく、そうかと言って、その感情を強調したり、強く意識しすぎたりするのでもないアプローチを実践できるのだ。

このアプローチは、意識して学ぶことも可能だ。[16]それを身につけることによる恩恵は計り知れない。ネフらの研究によると、セルフ・コンパッションは、楽観的な思考、幸福感、好奇心、知恵との関連が見られるという。[17]

セルフ・コンパッションを実践することにより、主体的に行動する傾向が強まり、感情的知性が高まる。[18]メンタルタフネスが向上し、[19]人とのつながりも強まる。[20]また、目の前のことに集中できず、無関係のことに思考が向かい、精神が迷走するといった非生産的な状態にも陥りにくくなる。[21]

学業上の失敗にも対処しやすくなるし、[22] 抑鬱、不安、ストレス、完璧主義、恥の意識が弱まり、[23] 心的外傷後ストレス障害（ＰＴＳＤ）の症状も緩和される。[24] 九〇件を超す研究をメタ分析した二〇一九年の研究によると、免疫機能の強化など、肉体的健康を改善する効果が見られる場合もあるという。[25]

自尊心をいだくことの弊害を避けつつ、その恩恵にだけ浴する方法がセルフ・コンパッションだと言ってもいいだろう。自己批判により状況をいっそう悪化させることなく、自尊心をいだくために自惚れたり、ほかの人と比較したりする落とし穴にも陥らずに済む。

セルフ・コンパッションは、ネガティブな感情の中でもとくに後悔と向き合う際に威力を発揮する。現在メンフィス大学に在籍するジアウェイ・チャン、カリフォルニア大学バークレー校のセレーナ・チェンの二〇一六年の研究は、人々が後悔の感情を乗り越えて、その経験から学習するうえで、セルフ・コンパッションにどのような効果があるかを調べた。この研究では、数百人の実験参加者を集めて、ひとりひとりに人生最大の後悔を挙げるよう求めた。

そのうえで、実験参加者を三つのグループに無作為にわけた。ひとつのグループには、後悔していることについて「共感と理解の視点」で自分宛に手紙を書かせた。もうひとつのグループには、「自分の（ネガティブな資質ではなく）ポジティブな資質を実証するという視点」で、後悔について自分宛に手紙を書かせた。そして、残るひとつのグループは対照群。好きな趣味について書かせた。

セルフ・コンパッションとともに自分の後悔に向き合った第一のグループは、自尊心とともに後悔に向き合った第二のグループに比べて、将来の行動を改める計画を立てた人の割合が大きかった。ささやかな文章を書いただけでも、大きな効果があったのだ。この傾向は、行動したことへの後悔と行動しなかったことへの後悔の両方で見られた。

「セルフ・コンパッションは、みずからの後悔を受け入れるよう後押しする効果があるらしい」と、チャンとチェンは記している。「そうやって後悔と向き合い続けることにより、個人として自分を向上させる道筋が見えてくるのかもしれない[26]」

シェリルの場合で言えば、セルフ・コンパッションは、親友との友情を保つためにもっと努力しなかったことについて自分を免責することを意味しない。ほかの誰かが親友と疎遠になったことの後悔を打ち明けた場合に、自分がその人に対して示すのと同様のやさしさをもって、自分自身に向き合うこと――それがセルフ・コンパッションである。

セルフ・コンパッションを実践する場合は、後悔と「向き合い続ける」一方で、失われた友情を自分という人間を特徴づける要素とは考えない。シェリルのように「救いようのない大失敗をしました」と言うのではなく、その類いの後悔をいだくことが人間なら誰にでもありうることだと認識するのである。
そうすると自己満足に陥りはしないかと心配する人もいるだろうが、その心配はいらない。[27] 自分を厳しく責めることが、モチベーションにつながると思っている人は多いだろう。とくにアメリカ人は、そのような発想をしがちだ。アメリカ人がいだく典型的なモチベーション観は、血管が浮き出し、顔を真っ赤にしたフットボールのコーチに怒鳴られてハッパをかけられることによってやる気が湧いてくる、といったものだからだ。しかし、このように自分を責めるアプローチは、往々にして無力感を生む。
それと異なり、セルフ・コンパッションは、人々が正面から困難に向き合い、その現実に対する責任を認めるよう促す効果があるとわかっている。「セルフ・コンパッションは、自分を甘やかす言い訳になどならない。それは、私たちを前に進ませる。それも、正しい理由で前に進むよう促す」のだ。[28]
後悔を変容させるプロセスの二番目のステップは、セルフ・コンパッションに関する研究に従って、以下の三つの問いを自分に問いかけることだ。

*あなたと同じ後悔をいだいている友人や家族がいて、その後悔を打ち明けられたとする。あなたは、その人物にやさしく接するだろうか、それとも侮辱的な態度を取るだろうか。もし友人や家族に対して親切に接するのであれば、自分に対しても同様のや

さしい姿勢で臨もう。もし侮辱的な態度を取るとすれば、友人や家族への接し方を考え直したほうがいい。

＊いまあなたがいだいている後悔は、ほかの人たちも経験しているものだろうか。それとも、同様の後悔を経験した人間はあなただけか。もし、自分の挫折が誰でも経験する類いのものだと思うのであれば、そのことをしっかり肝に銘じよう。その認識は、ほとんどの場合正しいからだ。もし、そのような経験をしているのは自分だけだと思うのであれば、本書の第7〜10章をもう一度読もう。

＊その後悔は、あなたの人生の一場面だけに関わるものか。それとも、それはあなたの人生を特徴づけるものか。後悔の感情を受け止めることの意義を認めつつも、それを自分の人生のすべてであるかのように考える必要はないと思っているのであれば、それでいい。しかし、その経験が自分を特徴づける要素だと思っているのであれば、まわりの人たちの意見を聞いてみよう。

これらの問いは、セルフ・コンパッションの核を成すものだ。この三つの問いに答えることにより、次の最後のステップに進むことができる。

ステップ3　セルフ・ディスタンシング——その経験について分析して戦略を立てる

一見すると、ユリウス・カエサルとエルモは、意外な組み合わせに思えるだろう。カエサルは、古代ローマの政治家、将軍、歴史家。二〇〇〇年以上前に生きた人物だが、シェークスピアの戯曲『ジュリアス・シーザー』で歴史に名を刻んだ。一方、エルモは、赤い毛むくじゃらの体に、オレンジ色の大きな鼻が特徴の、陽気なキャラクター。国籍は不明だが、現在の住所は「セサミストリート」だ。

まったく共通点がなさそうに見える二人だが、いずれも同じ言語表現方法を巧みに使いこなしている。その手法は「イリイズム」と呼ばれるものだ。自分のことを三人称で表現するのである。

カエサルは、ガリア戦争を記録した著作『ガリア戦記』で、「私」などの一人称代名詞を一度も使っていない。「カエサルは、偵察隊を通じて、山を支配していたのが味方であることを知った」といった表現をしている。エルモも、イリイズムの使い手として有名だ。知性の涵養（かんよう）を重んじていると述べる際に、「エルモは学ぶことが大好き！」などと言う。

こうしたイリイズムを不快に感じる人もいる（ダニエル・ピンクは、そのようには感じないが）。しかし、この種の表現方法は、後悔に対処するプロセスの最後のステップで役に立つ。自分のことを三人称で語るのは、社会心理学者が言うところの「セルフ・ディスタンシング」の一種とみなせる。

私たちは、後悔などのネガティブな感情に悩まされているとき、その感情にどっぷりつかることが多い。ネガティブな感情に、至近距離で向き合いがちなのだ。このような姿勢で臨むと、いつまでもくよくよ考える状態にはまり込みかねない。これよりも有効で、長続きするアプローチが別にある。それは、ネガティブな感情にどっぷりつかるのとは正反対に、その感情と距離を置き、第三者の視点で自分の状況を見るというものだ。それは、映画撮影の際にカメラを引いて広い範囲を撮影するのと似ている。

セルフ・ディスクロージャーにより、後悔の重荷を軽くし、セルフ・コンパッションにより、自分の絶望的な欠点を嘆くのではなく、同様の失敗は誰にでもあると考えたあとは、セルフ・ディスタンシングにより、分析して、戦略を立てる段階だ。具体的には、恥や恨みの感情抜きに、状況を冷静に検討し、将来の行動の指針となるような教訓を引き出す。

セルフ・ディスタンシングは、言ってみれば、あなたをスキューバダイバーから海洋学者に変える。後悔の薄暗い深海に潜るのではなく、もっと俯瞰的に海洋を調査するような試みなのである。

「セルフ・ディスタンシングは、過去の経験を事細かに振り返るというより、新しい発見と感情の整理につながるような形でその経験を再構築する行為である」と、セルフ・ディスタンシングの権威であるミシガン大学のイーサン・クロスとカリフォルニア大学バークレー校のオズレム・アイダックは指摘している。[29]

その経験を再体験するかのように再現するのではなく、客観的に語り直すことにより、感情を制御し、行動の方向を変えることができる。その結果、思考が強化され、[30]問題解決能力が向上し、[31]知恵が深まり、[32]高血圧（ストレスの強い状況でしばしば生じる）も改善する。[33]

では、セルフ・ディスタンシングを実践し、後悔と距離を置くには、具体的にどうすればいいのか。その方法は三つある。

第一は、空間的に距離を置くアプローチ。その古典的な手法は、「壁のハエ」作戦とでも呼ぶべきものだ。自分の視点ではなく、壁にとまったハエが部屋の様子を観察するように、第三者の視点で自分の後悔を検討するのだ。

たとえば、「私は大失敗してしまった。ジェンとの友情を自然消滅させ、しかも修復のための努力を払ってこなかった」と考えずに、こんなふうに考える。「ある女性が大切な友人との関係を自然消滅させてしまった。でも、人は誰でも失敗するもの。その女性は失敗を埋め合わせることができる。そのためには、ジェンも含めて、大切な人にもっと頻繁に連絡を取るようにすればいい」

あなたも経験があるかもしれない。私たちはたいてい、自分自身の問題より、ほかの人の問題のほうがうまく解決できる。あなたは、本人ほどその人の細かい状況にどっぷりつかかっていないので、本人よりもむしろものごとの全体像が見えやすいのだ。イーサン・クロスと、ウォータールー大学（カナダ）のイゴール・グロスマンの研究によれば、人は一歩引いた場所から、ほかの人の状況を見るときのような視点で自分の状況を見ることにより、自分の問題もほかの人の問題と同じくらいうまく解決できるようになるという。[34]

もうひとつ重要な点は、「壁のハエ」作戦により、批判を乗り切り、その経験から学習しやすくなることだ。批判によって自分という人間が否定されたと感じにくくなるのだ。この点は、後悔を変容させて、改善の手立てにするうえで欠かせない。[35]

セルフ・ディスタンシングをおこなう場合は、物理的に場所を変えることも有効だ。後悔について分析する際に別の部屋に移動したり、椅子に座ったままでも、前のめりの姿勢ではなく、背中をそらしたりするだけでも、目の前の問題がそれほど手ごわく感じられなくなり、問題に対処する際の不安が和らぐ。[36]

第二は、時間的に距離を置くアプローチ。後悔を分析し、学習するための戦略を立てる際には、私たちに備わっているタイムトラベルの能力も活用できる。第2章で述べたように、そもそも私たちが後悔を感じるのもタイムトラベルの能力をもっているからだ。

たとえば、ある研究によると、ネガティブな経験について一〇年先にどう感じるかを想像するよう促した場合、一週間後にどう感じるかを想像させた場合よりも、実験参加者のストレスが弱まり、問題解決能力が高まるという。[37]

脳内で未来にタイムトラベルし、未来から振り返る形で考えることには、「壁のハエ」作戦と同様、客観的で大局的な視点をいだきやすいという利点がある。それにより、問題が小さく、一時的で、容易に克服できるように思えてくる。[38]

シェリルは、一〇年後に自分がどう思っているかを想像してみればいい。三五年間も友情を修復しないまま放置したことを悔やんでいるだろうか。それとも、ジェンやほかの人たちとの関係で、つながりに関わる後悔を是正したことに満足感を味わっているだろうか。このように問題をあとから振り返る状況をシミュレーションして、いわば現在の拡大鏡ではなく、未来の双眼鏡で見ることにより、自己正当化をやめて、自己改善につなげられる可能性が高まる。[39]

第三は、カエサルやエルモのように、言葉で距離を置くアプローチだ。イーサン・クロスやオズレム・アイダックらの興味深い研究によると、「内省する際に自分自身に言及する言葉を少し変えるだけでも、ストレスの下での思考、感情、行動を制御する能力が変わってくる場合がある」という。[40]

自分自身と対話する際に一人称を使うのをやめれば、問題と距離を置くことが可能になり、脅威を課題に、心痛の種を有意義な経験に変えやすくなる。たとえば、グロスマンらの研究によれば、カエサルのように一人称の代わりに三人称を用いると、知的な謙虚さが増し、難しい状況を理性で切り抜けるための道筋が見えてくるという。[41]

自分の後悔について二人称で考える、つまり自分のことを「私」ではなく「あなた」と呼ぶことにも、より強力な行動を取って、未来の行動を改善しようという決意を強める効果があると、サンダ・ドルコスとドロレス・アルバラシンの研究は指摘している。[42] また、特定の個人ではなく、人々全般を総称的に表現する「あなた」という言葉を用いた場合も、ネガティブな経験を当たり前のものと位置づけ、その経験に意義を見いだしやすくなる。[43]

そして、エルモは、思いのほか賢いのかもしれない。一人称の代わりに自分の名前を用いることにも、同じような効果があるようだ。クロスが主導した別の研究によると、二〇一四年にエボラウイルス病が流行したとき、この感染症に関して、自分の名前を主語にして考えるよう指示されたグループは、「私」という一人称を主語にして考えたグループに比べて（実験参加者がどちらのグループに割り振られるかは、無作為に決められた）、事実に基づいて行動し、パニックを起こすべきでないという理性的思考をする傾向が見られた。[44]

もうひとつ見過ごせないのは、言葉を使ったセルフ・ディスタンシングが大きな苦労を必要とせず、時間もかからないという点だ。ある研究によれば、脳の画像検査をおこなうと、このアプローチの効果は一秒も経たずにあらわれはじめる場合があるという。[45]

まとめると、セルフ・ディスタンシングの恩恵に浴するためには、以下のいずれかをおこなえばいい。

＊あなたの親友が、いまあなたが直面しているのと同様の後悔をいだいていると想像する。親友がその後悔から導き出せる教訓は、どのようなものか。親友に助言するとして、あなたはどのような行動を勧めるだろうか。できるだけ具体的に考えてみよう。そして、親友向けの助言どおりに、自分で行動してみよう。

＊自分が利害関係のない専門家だと想像する。いわば「後悔の科学」の博士になったつもりで、あなたのいだいている後悔について無菌状態のラボで分析すると考えよう。あなたは、どのような分析結果に到達するだろうか。まず、どこに問題があるかを客観的に説明しよう。あなたは、どのような処方箋を示すだろう？　自分宛に電子メールを書いて（ファーストネームで自分のことを呼び、「あなた」と自分に語りかけよう）、後悔から学ぶために取るべき小さなステップの数々を挙げてみよう。

＊もしビジネスやキャリアに関連した後悔をいだいているのであれば、半導体大手インテルのCEOを務めた故アンドリュー・グローブが用いたテクニックを試してみる。グローブは、こう自分に問いかけたと伝えられている。「もし明日、私が更迭されたとして、後任者はどんな行動を取るだろう？」[46]

＊一〇年後の自分が、いま後悔していることがらに関して自分の取った行動を誇らしく思っていると想像してみる。あなたは、どのような行動を取ったのだろうか。

＊＊＊

未来に身を置いてそこから振り返るという想定で、いまの状況を考えるアプローチは、私たちが前に進む役に立つ場合がある。しかし、それは正しいやり方でおこなわなくてはならない。その点、本章で示したセルフ・ディスクロージャー↓セルフ・コンパッション↓セルフ・ディスタンシングというプロセスは、後悔を安定と達成と目的追求の強力な手立てに変えるためのシンプルで体系的な手法と言える。

ただし、ほかにも有効なアプローチがある。前に進むためには、振り返るだけでなく、未来を予測することも有効だ。実際に後悔を経験する前に、それを先読みするのである。次章では、このアプローチを紹介する。

実践して後悔しない、ほかの七つのテクニック

1　後悔サークルをつくる

後悔サークルとは、読書会のようなものと考えればいい。五、六人ほどの友人を集めて、コーヒーや紅茶、お酒を飲みながら話をする。参加者のうちの二人に、自分にとっての大きな後悔を披露する準備をしてきてもらい、その人たちの話をみんなで聞く。そして、みんなでその後悔を分析する。

まず、その後悔がどのタイプのものかを考えよう。それは、行動したことへの後悔か、行動しなかったことへの後悔か。四種類の深層レベルのカテゴリーのどれかに分類できるか。それに続いて、みんなでセルフ・ディスクロージャー↓セルフ・コンパッション↓セルフ・ディスタンシングのプロセスを実践する。最後に、後悔を披露した二人は、今後どのような行動を取るかをみんなの前で公約する（不愉快な上司に異を唱えるとか、意中の相手をデートに誘うとか）。

次回の会合では、二人がその公約を果たしたかどうかを問い、そのあと、また新しい二人のメンバーが後悔を披露する。

2　失敗の履歴書をつくる

ほとんどの人は、履歴書を書いたことがあるだろう。それまでの職歴やその他の経験、資格の概略を記したものだ。これにより、雇用主候補や顧客候補に対し、自分がいかに高い資質をもっていて、熟練していて、素晴らしい人材かを示す。スタンフォード大学のティナ・シーリグ教授は、「失敗の履歴書」もつくるべきだと主張する。過去に犯した失敗を漏れなく詳細に記した文書をつくることが有益だというのだ。

これは、後悔に対処するための手立てにもなりうる。自分の失敗を事細かに記すこと自体がセルフ・ディスクロージャーの一形態と言える。また、「失敗の履歴書」を第三者の視点で見れば、失敗により自信を失うことなく、その経験から学ぶことができる。

数年前、私も「失敗の履歴書」をつくってみた。自分が犯してきた失敗の数々から教訓を引き出したいと考えたのだ（恥ずかしい失敗を自分自身に向けて開示するだけでも、十分に効果が期待できる。読者のみなさんにその中身を開示することは遠慮させていただく)。この作業を通じてわかったのは、私が基本的に二種類の同じ失敗を繰り返してきたということだった。それが明らかになったおかげで、それ以降は同じ失敗を繰り返さずに済んでいる。

3 セルフ・コンパッションについて学ぶ

私が社会科学の文献を熱心に読むようになって二〇年ほどになるが、セルフ・コンパッションほど、強烈な魅力を感じたテーマはあまりない。

私はセルフ・コンパッションを知って、過剰な自己批判を抑制できるようになった。自分を厳しく断罪すれば、マゾヒスティックな快感を味わえるかもしれないが、そうした思考には効果がないと理解できたのだ。また、自分の苦しみは多くの人が経験しているもので、その問題を解決することは可能だと思えるようになった。

みなさんも、このテーマをじっくり学ぶことをお勧めする。たとえば、クリスティン・ネフのウェブサイトから始めてもいいだろう。このサイトでは、自分のセルフ・コンパッションのレベルをチェックすることもできる(https://self-compassion.org)。

ネフの著書『セルフ・コンパッション』(邦訳・金剛出版)も素晴らしい。

4 「新年の誓い」に合わせて、「旧年の後悔」もリストアップする

本章——というより本書——の核を成すのは、過去を振り返ることにより、前に進むことができるという考え方だ。この考え方を根づかせるためには、それを習慣化することも有効だ。

一二月も終わりに差し掛かり、新年という時間的な節目が近づくと、私たちは「新年の誓い」を立てようと思い立つ。しかし、その誓いを立てる前に、「旧年の後悔」をはっきりさせよう。幕を閉じつつある一年を振り返り、自分が後悔していることを三つ挙げる。親戚や昔の同僚と連絡を取らなかったことを後悔していないか。副業を始めなかったことを後悔していないか。自分の価値観に反するような嘘をついたことを後悔していないか。

そうした後悔を文章に記す。そして、行動したことへの後悔を取り消し、行動しなかったことへの後悔を変容させることを、新年の誓いにしよう。

5　ポジティブな経験を頭の中で「引き算」する

後悔による痛みを取り除くためには、ある心のトリックを実践するといい。これは、一九四六年の映画『素晴らしき哉、人生！』でよく知られるようになったアプローチである。

ベッドフォールズという町で暮らすジョージ・ベイリーは、クリスマス・イブに自殺を図ろうとしていた。そこへ、天使のクラレンスがやって来る。クラレンスはジョージに、もしジョージが生まれていなければ、町がいかに悲惨な状態になっていたかを見せる。その結果、自分の人生がいかに素晴らしいものだったかを認識したジョージは、自殺を思いとどまる。

このときクラレンスが用いた手法は、ポジティブな経験を頭の中で「引き算」するものと言える。[47] あなたの人生で好ましい要素――たとえば、親しい友人との関係や、キャリアにおける成功、かわいい子どもの存在など――を思い浮かべよう。そして、その幸せな状況をもたらしたすべてのものごと、自分がおこなった意思決定、おこなわなかった意思決定、犯した失敗、手にした成功がなかったものと考えてみる。前章で挙げた例で言えば、私が妻と出会っていなかったと仮定する。好ましい経験を脳内で「引き算」するのだ。

すると、人生は、悲惨で、暗澹たるものになる。けれども、ジョージ・ベイリーがそうだったように、それを通じて、いまの人生への感謝の気持ちが強まり、自分のいだいている後悔に新しい光を当てることができる。

6 「ワールド後悔サーベイ」に参加する

まだの人は、「ワールド後悔サーベイ」に回答しよう（www.worldregretsurvey.com）。自分の後悔を文章にすれば、その経験へのネガティブなイメージを取り除くことができる。そして、その経験と距離を置いて客観的に分析し、その後の行動を計画できるようになる。

また、ほかの人たちの回答を読めば、人は誰もが後悔と無縁でないとわかり、後悔と向き合う能力が高まる。世界中の人々が寄せた後悔の内容を読む際は、こう自分に問いかけよう。この人が述べている後悔は、どのタイプのものか。その人物が後悔をうまく生かせるように、自分ならどのようなアドバイスを送るだろうか。

7 「旅のマインドセット」を実践する

目標を達成すれば、後悔せずに済む。しかし、目標を達成したあとも行動を続けなければ――たとえば、エクササイズで体を動かすことを続けたり、プロジェクトが完了したあとも勤勉に働き続けたりしなければ――たちまち後悔の感情が生まれる。この問題を避けるための方法のひとつが、「旅のマインドセット」を実践することだ。

スタンフォード大学のシーチー・ホアンとジェニファー・アーカーの研究によれば、人は目的地に到達すると（つまり、難しくて重要な課題を完了すると）、これでもう仕事は終わったと思い込んで、努力を緩めてしまう場合がある。しかし、たいてい、仕事は終わってなどいない。目的地に到達しただけで満足してはならない。目的達成にいたるまでのステップを振り返ることが重要だ。目的地への到達を祝福するよりも、そこへいたる旅路を振り返るようにしよう。

後悔しているのは、大学の就職カウンセラーの言葉を信じて、自分には医師になる資質がないと思い込んでしまったことです。もっと自分を信じて、せめて挑戦するだけでもすればよかったと思っています。

――五四歳女性、メリーランド州

子どもが生まれる前に、自由な時間を無駄にしすぎました。いまにして思えば、スペイン語を学んだり、運動をしたり、仕事のスキルを磨いたりするために費やす時間がないほど忙しいなどということは、ぜったいにありませんでした。

――二九歳男性、インディアナ州

性的な面でもっと活発に行動すればよかったと思います。

――七一歳女性、ミシガン州

第14章 未来の後悔を予測する

「二度目の人生を生きているつもりで、
しかも、いま犯そうとしているのと同じ過ちを、
一度目の人生ですでに経験したかのように生きなさい！」
――ヴィクトール・フランクル（一九四六年）

一八八八年のある朝、アルフレッド・ノーベルは新聞を見て驚いた。そこには、自分の死亡記事が載っていた。死去したのは兄のルドヴィグだったが、あるフランスの新聞記者が兄と弟を取り違えて記事を書いたのだ。ノーベルは死んでなどいなかった。それは、一九世紀末のフェイク・ニュースだったのである。

しかし、ノーベルが最も心を痛めたのは、自分が死んだものと思われたことではなく、その死亡記事の見出しの言葉だった。伝えられているところによると、そこにはこう記されていたという――「死の商人、死す」。

スウェーデン出身で五カ国語を話したノーベルは、独創的な精神に富んだ化学者で、発

明家として目覚ましい成果を挙げ、爆薬や起爆装置などの発明に成功した。とくによく知られている発明がダイナマイトだ。ノーベルは一八六〇年代に特許を取得し、世界の国々にダイナマイト工場を建設した。そして、そのビジネスで巨万の富を築き、ヨーロッパで屈指の実業家に数えられるまでになった。

しかし、問題の死亡記事は、発明家としての才能と実業家としての決断力を称えるものではなかった。その記事は、恥ずべきことをおこなった、汚らわしい人物として、ノーベルを描いていた。人々が殺し合うための道具を売ることにより、目がくらむような富を蓄えた、強欲で非道徳的な人物と評されていたのである。

それから八年後、ノーベルが本当に死去したとき、遺言書に記されていた内容が世を驚かせた。家族に財産を遺すのではなく、遺産を基に基金を設立し、「前の年に人類に対して最も大きな恩恵をもたらした人たち」に賞を授与するものとしたのである。こうして「ノーベル賞」が誕生した。

この遺言が書かれるきっかけになったのは、あの日の早すぎる死亡記事だったと言われている。[1]ノーベルはその死亡記事を通して未来を垣間見て、後悔の感情をいだいた。そして、自分が将来いだく後悔を予測することにより、その後悔をいだく事態を避けるために行動を変えたのである。

第12章と第13章では、いわばバックミラーで過去を振り返ることにより後悔に対処する方法を論じた。本章では、フロントガラス越しに未来を先読みすることにより後悔に対処する方法を紹介する。

後悔は、過去を振り返ることで生まれる感情だ。過ぎてしまったことを考えたとき、この感情が生じる。しかし、後悔の感情を前もって予測し、それに基づいて行動を改めることもできる。このアプローチによって好ましい方向に進める場合がある一方で、ときにそれが原因で迷走する場合があることも事実だ。しかし、後悔を予測することの利点と弊害の両方をよく理解すれば、よい人生を送るための戦略に磨きをかけることができる。

未来の痛みを先読みすることの効用

規模の大きい研究施設の大半がそうであるように、デューク大学は、学生、教員、職員のために大きな図書館を運営している。そして、あらゆる分野のほとんどの組織がそうであるように、デューク大学図書館は、利用者が思っていることを知りたいと考えている。これまでは、利用者の声を聞くために電子メールでアンケート調査を実施していた。しかし、この手法には、ある問題がついて回った。ほとんどの人は、調査に回答しないのだ。

そこで、賢い図書館職員たちがひとつのアイデアを思いついて、実験をおこなった。そのシンプルな実験を通じて、未来の後悔を予測するとはどういうことかが見えてくる。

二〇一六年、デューク大学図書館は、同大学の六〇〇〇人の学部学生の半分に電子メールでアンケートを送り、回答を寄せれば抽選で七五ドルのギフトカードが当たると伝えた。残り半分の学生にも、電子メールでアンケートを送った。ただし、ルールが少し違った。学生全員を対象に七五ドルのギフトカードが当たる抽選をおこなうが、当選者がアンケートに回答していなかった場合は無効となり、抽選をやり直すものとしたのだ。

どちらのほうが多くの回答を得られたのか。

結果は大差だった。一週間後の時点で、前者のグループで回答を送ってきた人は三分の一にとどまったのに対し、後者のグループは三分の二が回答を送ってきたのである。[2] 前者は、昔からある典型的なくじ。後者は、行動経済学者が「後悔くじ」と呼ぶものだ。

後悔くじは、人が未来の後悔を先読みすることにより、行動が変わる一例だ。普通のくじの場合は、くじに参加するには積極的な行動を取らなくてはならない。デューク大学図書館の例で言えば、アンケートに回答し、それを返送する必要がある。アンケートに回答せず、ほかの誰かが当選すれば、少しはがっかりするかもしれない（もっとも、誰かがギフトカードを受け取ったことに気づきすらしない可能性も高い）。けれども、当選する確率は低いし、そもそもこのくじに強い感情もいだいていない。そのため、激しく打ちのめされることはないだろう。

一方、後悔くじの場合は状況が違う。せっかく当選したのに、アンケートに回答しなかつたために権利を失えば、自分を責めるだろう。七五ドルのギフトカードを受け取った自分の姿は、容易に想像できる。ところが、自分が愚かで怠惰で、労を惜しんだために、賞品が自分の手から逃げていったのだ。そのときの落胆を予測すれば、アンケートの回答を返送しようと考える。

後悔くじは、さまざまな分野で行動変容に有効であることが実証されている。[3] この手法は、「損失回避の心理」と同様の認知の歪みを利用したものと言える。人は一般的に、同等の価値のものであれば、それを得る喜びよりも、失うことの痛みのほうを強く感じる傾向がある。そのため、人は損失を回避するために、ことのほか多くの（しばしば非合理なほど多くの）努力を払う。「損失は獲得より大きく感じられる」のである。[4]

これと同じく、未来に自分がいだく感情を予測する場合も、歓喜よりも後悔の感情のほうが強く感じられる。多くの局面で、未来に予想される後悔の痛みは、予想される獲得の喜びより大きいように思えるのだ。

このような傾向が好ましい効果を生むケースは多い。未来の後悔を予測すると、思考のペースが遅くなる。脳内のブレーキがかかり、どのような行動を取るかを決める前に、もっと情報を収集し、じっくり検討するようになるのだ。自分が未来にいだく後悔を先読みすることは、行動しないことによる後悔を回避するためにとりわけ有益だ。

たとえば、ミズーリ大学のラッセル・ラヴァート、チルドレンズ・ナショナル病院（ワシントンDC）のリンダ・フー、インディアナ大学医学校のグレゴリー・ジメットによる二〇二一年の研究によれば、新型コロナウイルスのパンデミックの期間中、若い世代に新型コロナの検査を受けようと思わせる最大の要因は、検査を受けなかった場合に将来感じるかもしれない後悔だった。具体的に言うと、検査を受けず、うっかり誰かに感染させてしまえば、きっと後悔するに違いない、という思いである。[5]

ベルゲン大学（ノルウェー）のカタリーナ・ウォルフによる二〇二一年の研究では、新型コロナワクチンの接種に関して同様の現象が明らかになった。人々にワクチン接種を決断させる要因としては、同僚や家族がすでに接種を受けたこと以上に、自分が接種を受けずに、みずからが感染し、さらには周囲の人たちを感染させた場合に、きっと後悔するだろうと感じることのほうが大きかったのだ。[6]

いま適切な行動を取らなかった場合、将来いかに大きな後悔をいだくか——それを思い描くと、そのネガティブな感情により、私たちの行動が改善される場合がある。その感情を実際に経験するわけではなく、ただシミュレーションするだけなのに、そのような効果があるのだ。

八一件の研究（実験参加者の数は合計四万五六一八人）をメタ分析した二〇一六年の研究によると、「未来の後悔を予測することは、さまざまな健康関連の行動と関連している」[7]。たとえば、サセックス大学のチャールズ・エーブラハムとシェフィールド大学のパスカル・

シーランがイギリスでおこなった有力な研究では、実験で「向こう二週間に少なくとも六回はエクササイズをしなければ、後悔するだろう」というシンプルな叙述への賛意を示すよう指示された人たちは、そうでない人たちに比べて、実際にエクササイズをする割合が大幅に大きかったという。[8]

この一五年間の研究により、未来の後悔を予測することの効果がいくつも明らかになってきている。自分が将来いだく後悔を想像した人たちは、果物と野菜を食べる量が増え、[9]子宮頸癌などを予防するためのHPVワクチンやインフルエンザワクチンを接種し、[10][11]コンドームを使用し、[12]健康に関する情報収集に熱心になり、[13]癌の早期発見に努め、[14]自動車の運転が慎重になり、[15]子宮頸癌の検診を受け、[16]喫煙をやめ、[17]加工食品を食べる量を減らし、[18]さらにはリサイクルにも積極的になるという。[19]

未来の後悔を想像することは、ものごとを判断する際の手軽な方法になりうる。次にどのような行動を取るべきか確信がもてないときは、自分にこう問いかければいい。「もし〜をしなければ、私はその決断を将来後悔するだろうか」と。この問いに対する答えに従って、いま行動するのだ。

こうしたアプローチは、まだ小規模ではあるけれど流行の兆しを見せている「死亡記事パーティー」の発想に通じるものがある。このパーティーの参加者は、自分の「内なるアルフレッド・ノーベル」を呼び起こし、自分の死亡記事を自分で書き、それをその後の生き方の参考にすることを目指す。[20]

この考え方は、「プレモーテム（事前検死）」と呼ばれるマネジメント手法が生まれるきっかけにもなった。ビジネスにおけるプレモーテムとは、職場のチームが脳内で未来にタイムトラベルし、まだプロジェクトが始まっていない段階で、すべてが裏目に出る最悪のシナリオを思い描く。プロジェクトが期限までに完了しなかったり、予算が超過してしまったり、さらにはプロジェクトがそもそも完了しなかったりといったケースだ。そして、そのシナリオを活用して、失敗を未然に防ぐ方策を考えるのである。[21]

この種の思考法を仕事と私生活で実践している人物の代表格、言ってみれば後悔予測界の最強王者は、実業家のジェフ・ベゾスだろう。ベゾスは、みずからが創業したアマゾンが超巨大企業に成長したことで世界有数の大富豪になり、有力紙ワシントン・ポストを買収し、宇宙旅行も経験した。しかし、最も誤解されている感情である後悔の世界では、「後悔最小化フレームワーク」でよく知られている。

一九九〇年代前半、ベゾスは金融業界で働いていたとき、当時新しいテクノロジーだったワールド・ワイド・ウェブを活用して書籍を販売するビジネスのアイデアを思いついた。そこで上司に退職の意向を伝えると、高給の職を辞めることを最終的に決断する前に、数日間頭を冷やして考えるよう促された。

コンピュータ科学者としての教育を受けた人物らしく、ベゾスは自分の決定を体系的に分析するべく、堅実な結論を導き出すためのアルゴリズムのようなものを確立したいと考えた。そして、ついにその方法論を見いだした。ベゾスは、二〇〇一年のインタビューでこう振り返っている。

八〇歳になって人生を振り返ったときに、「人生で経験する後悔の数を最小化できた」と言いたいと考えたのです。その点、八〇歳になったときに、この挑戦を後悔することはないと思えました。インターネットという新しい世界に挑んだことを後悔するとは、思えなかったのです。インターネットには大きな可能性があると、私は考えていました。挑戦が失敗に終わったとしても、私は後悔しないだろうと思いました。後悔するとすれば、それは挑戦しなかった場合だとわかっていました。しかも、その後悔は私を毎日悩ませ続けるだろうと予想できました。このように考えると、決断はいたって簡単でした。[22]

ベゾスは、自分が勇気に関わる後悔をいだくことを予測し、将来そのような後悔を感じたくないという思いを、いま行動を起こす推進力にしたのである。後悔の最小化を目指すという考え方は、ベゾスにとって賢明なものだった。それは、私たちにとっても有益な思考様式だ。このアプローチは、健康を改善し、富を築くことにつながり、アンケート調査を実施したい図書館員たちにも役に立つ。それは、言ってみれば非常に強力な薬なのだ。

しかし、その薬を服用するに当たっては、留意すべきこともある。

強力な薬の見過ごせない副作用

以下では、未来の後悔を予測することが裏目に出るケースについて理解してもらうために、あなたに地下鉄に乗り、電子レンジを購入し、同僚と宝くじを交換し、マークシート方式の試験を受験していただくことにする。

いま、あなたは朝の通勤中。地下鉄の駅へ急いでいる。ところが、駅に着く前に靴紐がほどけてしまった。家を出るときに、慌てて結んだのがまずかったのだ。そこで、安全な場所で靴紐を結び直して、また駅に向けて早足で歩きはじめた。駅に着いてプラットフォームに降りると、列車は一分前に発車していた。ちくしょう！　靴紐を結び直していなければ、間に合ったのに！

このように一分の遅れで列車を逃すとして、あなたはどれくらい後悔すると思うか。

また、五分の遅れで列車を逃す場合は、どれくらい後悔すると思うか。

ハーバード大学のダニエル・ギルバートが率いる研究チームは、マサチューセッツ州ケンブリッジの地下鉄の駅で、この点について実験した。それによると、ほとんどの人の予測は、五分差で列車を逃すより、一分差で逃すほうがはるかに大きな後悔をいだくだろうというものだった。しかし、私たちが実際に感じる後悔の大きさは、いずれの場合もあまり変わらない。というより、そもそもどちらの場合も、私たちはそれほど大きな後悔を感じないのだ。

意思決定の手段として未来の後悔を予測しようとする場合のひとつの問題は、将来にいだく感情の強さとその感情の持続期間を予測することが容易でないという点だ。[23] とりわけ、私たちは後悔の感情について予測することを不得意にしている。

人は往々にして、自分が将来いだくネガティブな感情を過大評価する一方で、「せめてもの幸い」思考により、その感情に対処したり、そうした感情を和らげたりする自分の能力を過小評価する。ギルバートらの表現を借りれば、未来予測の中の後悔は、「少しお化けに似ている。前もって予想するときは、実際に遭遇するときよりも大きく見える」のである。

この点で、私たちは予報をはずし続ける気象予報士のようなものなのだ。未来の後悔が過大評価されがちなことを考えると、「未来の後悔を回避するために犠牲を払う人たちは、本当は必要のない感情版の保険に加入しているに等しい場合もある」と、ギルバートらは指摘している。[24]

未来の後悔を過大評価することには、ほかにも弊害がある。意思決定の質が低下する可能性もあるのだ。

あなたは、駅で列車を逃したあと、少し待って次の列車に乗り、職場に出勤する。そして、昼までバリバリ働いて、昼休みに近くの家電販売店に足を運ぶ。自宅で使うための電子レンジを買おうと考えたのだ。販売員との短いやり取りを通じて、選択肢は二つに絞り込まれた。

両方とも、サイズとパワーは変わらず、ほかの機能にも違いはない。二つの点を除けば、まったく同じに見える。その違いはこうだ。片方の電子レンジは有名ブランドの製品なのに対し、もう片方は無名ブランドの製品。そして、価格は前者が一四九ドル、後者が一〇九ドルだ。

さて、あなたはどちらを選ぶだろうか。

スタンフォード大学のイタマール・サイモンソンは、このような設定の実験をおこなっている。それによると、最初、実験参加者のおよそ半分は有名ブランドの高価な電子レンジを、もう半分は無名ブランドの安価な電子レンジを買いたいと言った。

しかし、サイモンソンはここでひとつひねりを加えた。実験参加者が最終判断をくだす前に、こう告げたのだ。みなさんがどちらを買うかを決めたあと、中立の立場で商品評価をおこなう情報誌で二種類の電子レンジがどのように評価されているかを教えます、と。

すると、実験参加者たちは次第に不安が募ってきて、有名ブランドの電子レンジを選ぶ人の割合が増えた。有名ブランドを選択した人の割合は、なんと三分の二に上った。

実験参加者たちは、当たり前の選択（つまり有名ブランドの電子レンジ）と異なる選択をして、あとでそれが間違いだったと知らされた場合、より後悔が大きいと予測したのだ。[25]そこで、不愉快な感情をいだかずに済むように、無難と思われる選択をしたのである。このとき、実験参加者たちは、賢い選択をすることよりも、後悔の少ない選択をすることに関心をもっていた。しかし、賢い選択と後悔しない選択が一致する場合ばかりではない。

私たちは未来の後悔を予測する結果、最善の意思決定ではなく、最も後悔しない意思決定をしてしまう場合がある。あなたは、電子レンジの買い物を終えて職場に戻ったとき、そのことを再び思い知らされる。

あなたは職場に戻る途中、一ドルで宝くじを購入する。抽選は翌日の夜。八〇〇〇万ドルの賞金が当たる可能性がある。たまたま、同僚の私も宝くじを購入していて、あなたにこう持ち掛ける。もし宝くじを交換してくれれば、お礼に三ドル払いましょう、と。

あなたは、私の提案を受け入れるだろうか。

当然、あなたは提案を受け入れるべきだ。しかし、言うまでもなく、あなたは私の提案を断る。

どちらの宝くじも、八〇〇〇万ドルが当選する確率はまったく同じ。私の宝くじと交換しても、当選確率は変わらない。そして、どっちみち当選する可能性はきわめて小さい。それでも、交換に応じれば、三ドルもらえるのだ。考えるまでもなく、あなたは私の提案に乗るべきだ。
それなのに、実験では、半分以上の人がこの種の提案を断る。交換して手放した宝くじが当選した場合に感じる後悔を容易に想像できるからだ。[26] ところが、あらかじめ宝くじを封筒に入れて封をし、交換する前の宝くじが当たりだったかどうかを知る余地をなくして実験をおこなうと、実験参加者たちが交換に応じる確率が高まった。[27]
この宝くじの例やほかの多くの状況で、後悔を最小化することはリスクを最小化することとイコールではない。適切な予測ができないと、後悔を最小化したはいいけれど、リスクの最小化にはつながらない選択をしてしまう。ときには、まったく意思決定をしなくなる場合もある。さまざまな研究によると、後悔を回避しようとして、意思決定を回避するケースがしばしば見られるのだ。[28]
将来いだくかもしれない後悔に意識が向かいすぎると、身動きが取れなくなり、なにも決めないと決めるようになりかねない。同様に、交渉に関する研究によれば、未来の後悔を予測しすぎると前進の妨げになる。交渉に臨む人たちがリスク回避の傾向を強め、合意をまとめることに消極的になるのだ。[29]
さて、あなたの慌ただしい一日もそろそろおしまい。しかし、仕事が終わっても、まだ一日のスケジュールは終わらない。あなたは野心に満ちていて、働きながら不動産関連の資格試験の勉強をしているのだ。今日は、最初の資格試験の日。八〇問の多肢選択式の問題に解答する。

コーヒーを一気に胃に流し込み、試験会場に足を踏み入れる。試験時間は二時間。あなたは順調に、マークシートの解答用紙を塗りつぶしていく。しかし、途中で迷いが生じる。「問二三でBを選んだけれど、Cが正解だった気がする」

あなたは、最初の解答を消しゴムで消して、鉛筆で塗り直すだろうか。それとも、最初の直感を信じて、解答を変更しないことにするだろうか。

あらゆるレベルの教育機関と職業研修において、専門家のアドバイスは一貫している。ほとんどの大学教員は、最初の直感を信じるべし、と助言している。解答を変更すると、たいてい裏目に出るというのだ。

ペンシルベニア州立大学の学業アドバイザーたちもこう述べている。「たいてい、最初の直感が正解です。よほど自信がない限り、解答を変更するのは避けましょう」。試験対策サービスを提供するザ・プリンストン・レビューも、こう注意を喚起している。「ほとんどの場合、解答を変更するより、直感を信じたほうがうまくいきます。多くの受験生は、せっかく正しい解答を選んでいたのに、間違った解答に変更してしまうのです」[30]

これまでの常識は、いたってシンプルだ。最初の直感を信じて、解答は変更しないほうがいい、というのだ。しかし、この常識は間違っている。このテーマに関しておこなわれてきた研究のほぼすべてによると、テストで受験生が解答を変更するとき、正解を不正解に変更してしまう場合より、不正解を正解に変更する場合のほうがはるかに多いという。つまり、解答を変更すると、点数が上がるケースのほうが多いのである。[31]

では、どうして誤ったアドバイスがまかり通っているのか。

これも、未来の後悔を予測することにより判断が歪められている一例と言えそうだ。二〇〇五年、現在ニューヨーク大学に在籍する社会心理学者のジャスティン・クルーガーは、現在ブリティッシュ・コロンビア大学のデリック・ワーツ、スタンフォード大学のデール・ミラーとともに研究をおこない、イリノイ大学の学生たちが心理学の試験で解答を途中で変更した実例を一五〇〇件以上調べた（この当時、クルーガーとワーツはイリノイ大学で教えていた）。すると、それまでの研究と同様、不正解を正解に変更したケースは、正解を不正解に変更したケースの二倍に上った。

興味深いのは、この研究で学生たちに、解答を変更して不正解になった場合と、解答を変更せずに不正解になった場合で、どちらのほうが大きな後悔を感じると思うかと尋ねた結果だ。七四％の学生は、解答を変更して不正解になった場合の後悔のほうが大きいと思うと述べた。どちらも変わらないと述べた学生は二六％。解答を変更せずに不正解になった場合のほうが大きな後悔を感じるだろうと述べた学生は、一人もいなかった。

クルーガー、ワーツ、ミラーは、これを「最初の直感をめぐる錯誤」と呼んだ。この現象は、後悔を予測することがもたらす弊害と言える。「最初の直感に反する行動を取って裏目に出た経験は、最初の直感どおりに行動して裏目に出た経験より、記憶に残りやすい」と、クルーガーは記している。「元の解答のままでよかったのに変更してしまったときの後悔は、その問題に不正解したという不運を、途方もない悲劇のように感じさせる」[32]「もし〜〜していれば……」の亡霊に脅える結果、私たちは間違いを犯してしまうのだ。
その点は、この日、資格試験を受験したあなたも例外ではない。あなたは解答を変更せず、そのせいで不合格になった。また受験しなくてはならない。もし、もっと早くこのような研究を知っていれば……。
未来の後悔を予測するという薬を飲むことにより、私たちの行動が改善する場合がしばしばある。しかし、地下鉄を一本逃すことから始まった一日であなたが経験したように、この薬を飲む前には、しっかり注意書きを読んだほうがよさそうだ。

服用上の注意
後悔を予測することは、意思決定の機能不全、過度なリスク回避の姿勢、「最初の直感をめぐる錯誤」、試験の点数の悪化といった副作用を伴う場合があります。

広く用いられている薬の多くがそうであるように、未来の後悔を予測することには、いくつかの深刻な副作用がありうるのだ。しかし、問題はそれだけではない。

＊＊＊

未来の後悔を先読みして行動したダイナマイト王の名を冠する賞を受賞した一〇〇〇人近い人たちのひとりに、ハーバート・サイモンがいる。サイモンは卓越した社会科学者で、カーネギー・メロン大学で五〇年にわたり教鞭を執った。その知的貢献は、政治学、認知心理学、人工知能など、実にさまざまな分野に及ぶ。しかし、サイモンの最大の遺産は、経済学の理論が人間的要素を考慮に入れるよう促したことだったと言えるかもしれない。

サイモン以前の主流派経済学のモデルによれば、人々は意思決定をおこなう際、つねに安定した選好をもっていて、必要な情報もすべて手に入っていて、いつも成果の最大化を目指して行動するものと考えられていた。つまり、あらゆる状況で、ものを買うときは最も安く買い、売るときは最も高く売り、ひたすら自分の利益を最大化させようとする、というわけだ。

サイモンは経済学者たちに、このような想定が正しい場合もある半面、いつも正しいとは限らないと理解させた。私たちの選好は変わる場合がある。それに、さまざまな理由で、理想的な意思決定をおこなうために必要な情報が手に入らないときも多い。

また、人生のすべての場面で最善の取引をすることを目指せば、疲労困憊しかねない。

実際、私たちは、いつも完璧な選択肢を見つけようとするわけではない。理想の屋根業者や理想のハンバーガーを探そうとせず、「必要にして十分」なものでよしとする。

サイモンによれば、私たちは最大化を目指すときもあれば、「必要最小限」で満足するときもあるというのである。[33] この考え方が正しいとすれば（実際、人々の実際の行動を分析すると、それが正しいとわかる）、経済学のモデルを修正しなくてはならない。そして、実際にモデルは変更されるようになった。この業績を評価されて、サイモンは一九七八年にノーベル経済学賞を授与された。

サイモンが指摘した二種類の意思決定アプローチが感情に及ぼす影響について、心理学者たちが掘り下げて研究しはじめるまでには、さらに少し時間を要した。そのときが訪れたのは二〇〇二年。スワースモア大学のバリー・シュワルツとアンドリュー・ウォードを中心とする六人の社会科学者たちが新しいパーソナリティ尺度を開発して、人々の最大化志向と必要最小限志向の強さを明らかにしようと試みた。具体的には、一七項目の問いを通じて、誰が理想を追求する「追求者」の傾向が強い人、誰が許容範囲のものでよしとする「満足者」の傾向が強い人を明らかにしようと考えたのだ。

シュワルツらは、一七〇〇人以上を対象に、この「追求度スケール」のスコアを算出した。そして、そのうえでそのスコアとその人たちの幸福度を照らし合わせた。すると、驚くべきことがわかった。大半の追求者は、幸福度の面で悲惨な状態にあったのだ。最大化を目指す追求者たちは、必要最小限で満足する人たちに比べて、「人生に対する満足度、幸福度、楽観主義的な思考の度合いが著しく低く」て、抑鬱の度合いがきわめて高かったのである。[34]

追求者たちの幸福度が低い理由を検討した結果、シュワルツらはその最大の原因を突きとめた。「追求者たちは、実際に経験した後悔、そして未来の経験として予測した後悔の両方にとりわけ敏感に反応する」のである。

このタイプの人たちは、あらゆる時点であらゆることを後悔する。選択する前に後悔を感じ、選択したあとにも後悔を感じる。さらには、選択している最中にも後悔を感じる。どのような状況でも、「もし異なる行動を取っていれば、もっと好ましい結果になったのではないか」という可能性を想像せずにいられないのだ。[35]

追求者たちは、このような「上方の反実仮想」を通じて「感情は思考のためにある」型の生産的な後悔をするのではなく、「感情は感情のためにある」型の後悔をくよくよといだき続ける結果を招いていた。シュワルツらの研究によると、あらゆる面で幸福の最大化を目指す人たちは、ほとんどの面で幸福をぶち壊しにしてしまうのである。

ここに、ジェフ・ベゾスの「後悔最小化のフレームワーク」の弱点が見えてくる。つねに未来の後悔を予測して、後悔を最小化しようとすると、不健全な形で幸福の最大化を目指すことになりかねない。あらゆる局面でつねにこのフレームワークを用いるのは、絶望を生む行動パターンなのである。

では、自分が未来にいだく後悔を予測することの恩恵に浴しつつ、その弊害を避けるためには、どうすればいいのか。

その方策は、最小化を目指す後悔の対象を絞り込むことだ。

後悔の最適化を目指す

私たちが目標とすべきなのは、つねに後悔を最小化することではない。後悔を最適化することを目指すべきだ。その点、後悔の予測に関する科学的研究と、深層構造レベルでの後悔の類型を組み合わせて考えることにより、思考のモデルをより洗練したものにできる。

その新しいモデルを「後悔最適化のフレームワーク」と呼ぶことにしよう。

このフレームワークは、四つの基本原則を土台にしている。

＊多くの局面では、自分が将来いだく後悔を予測することにより、健康の面で好ましい行動を取り、賢明な職業上の選択をおこない、幸福度を高めることが可能になる。

＊しかし、私たちは、自分が将来いだくかもしれない後悔を予測すると、後悔を過大評

価することが多い。その結果、いわば必要のない感情版の保険に加入してしまい、意思決定が歪む場合がある。

＊さらに、後悔の予測が過剰になり、後悔の最小化を過度に追求するようになると、むしろ悪い結果を招きかねない。

＊一方、世界中の人々が打ち明ける後悔は、一貫して主に四つのカテゴリーに分類できる。この四種類の後悔は、長く持続する。そして、これらの後悔は、人間の基本的なニーズと、よい人生を送るための道筋を浮き彫りにしている。

「後悔最適化のフレームワーク」では、主要な四種類の後悔——基盤に関わる後悔、勇気に関わる後悔、道徳に関わる後悔、つながりに関わる後悔——を予測することに時間と労力を割くべきだと考える。一方、それ以外の後悔を予測しても、たいてい好ましい結果につながらない。

そこで、どのような行動を取るべきかを判断する際は、まず、自分が対処しようとしている問題に関わる後悔が四種類のいずれかに該当するかどうかを考えるべきだ。四種類に該当しない場合は、あまりこだわりすぎずに、ある程度でよしとしたほうが賢い。たとえば、庭に置くテーブルや、（しつこくて恐縮だが）電子レンジを買う場合は、もし商品の選択が裏目に出たとしても、人間の基本的なニーズには関係がない可能性が高い。だから、時間をかけすぎずに商品を選べばいい。それで大きな問題はない。

しかし、四つの重要な領域に関わる選択をおこなう場合は、時間をかけてじっくり考えよう。頭の中で未来にタイムトラベルして、（状況に応じて）五年後や一〇年後の自分、あるいは八〇歳になったときの自分を思い描く。その未来の視点で、いまどのような選択をすれば、人生の安定した土台を築き、理にかなったリスクを取り、道徳的に正しい行動を取り、充実した人間関係をはぐくめるかを考えればいい。これらの側面で自分がどのような後悔をいだく可能性があるかを予測し、そうした後悔が最も少なくなりそうな選択肢を選ぶのだ。数回実践すれば、このフレームワークの威力を実感できるだろう。

私たちは日々の生活で、何百件もの意思決定をおこなっている。そのなかには、幸福感を大きく左右するものもあるが、多くはそれほど重要ではない。その両者の違いをよく見極めよう。自分がなにを本当に後悔するかがわかれば、自分がなにを本当に大切にしているかが見えてくる。後悔という、腹立たしくてややこしく、切実な感情は、よい人生を生きるための道筋を教えてくれるのだ。

もっと勇気を奮い起こして、民主主義を守るために立ち上がらなかったことを後悔しています。

――八二歳女性、ペンシルベニア州

ほかの人たちにもっとやさしく接しなかったことを後悔しています。私は正しさに固執するあまり、やさしさをないがしろにすることが多すぎました。

――四一歳男性、イギリス

私が後悔しているのは、次の日に学校があるからという理由で、プリンスのコンサートを見に行かなかったことです。学校なんていつでもあるけれど、プリンスのコンサートに行ける機会なんてめったにない。愚かな判断をしたものです。

――五八歳女性、フロリダ州

後悔にどう向き合うべきか――まとめ

◉行動したことへの後悔

1　過去の行動を取り消す　謝罪したり、修正したり、ダメージの回復に努めたりする。

2　「せめてもの幸い」思考を実践する　ネガティブな経験の中で、せめてもの明るい材料を探す。もっとひどい状況になっていた可能性があったと考えて、そうならずに済んだことを喜ぶ。

◉すべての後悔（行動したことへの後悔と行動しなかったことへの後悔）

1　セルフ・ディスクロージャー　ほかの人たちに話したり、誰にも見せない前提で文章に書いたりして、その経験を再現することにより、心の重荷を軽くする。

2 セルフ・コンパッション 後悔をいだいている友人に接するときと同じように自分にもやさしく接し、後悔を当たり前のことと位置づけ、否定的なイメージを取り除く。

3 セルフ・ディスタンシング 後悔をもたらした経験と時間的な距離を置いたり、空間的な距離を置いたり、言葉で距離を取ったりして、その経験を俯瞰することにより、そこから教訓を引き出し、戦略を立てる。

◉意思決定の際に、未来にいだく後悔を予測する

1 ほとんどの意思決定に関しては、ある程度でよしとする 四種類の中核的な領域以外では、あまり深くこだわらずに選択し、あとでくよくよ考えずに前に進む。

2 とくに重要な意思決定に関しては、幸福の最大化を目指す 四種類の中核的な領域では、頭の中で未来の特定の時点にタイムトラベルし、いまどのような選択をすれば、人生の安定した土台を築き、理にかなったリスクを取り、道徳的に正しい行動を取り、充実した人間関係をはぐくめるかを考えればいい。

おわりに——後悔することと、修復すること

「アメリカ後悔プロジェクト」で集まったデータを最初に検討したとき、私は二つの問いに対する人々の回答が頭から離れなくなった。それをどう考えればいいのかわからなかったのだ。

第2章で述べたように、人がある出来事に対して後悔の感情をいだく前提条件は、その出来事に関して主体性をもっていたことだ。言い換えれば、後悔を感じるためには、人生をある程度は自分でコントロールできていなくてはならないのだ。

では、「アメリカ後悔プロジェクト」の調査対象者たちも、自分がおこなう選択や行動を自分で決めることができていると感じているのか。つまり、自分が自由意思を行使できていると思っているのか。それとも、自分が主体的に決めてなどいないと感じているのか。つまり、自分の人生は、自分にはコントロールできない大きな運命の一部だと感じているのか。

私はこの問いの答えを知りたいと考えた。

そこで、四四八九人の調査対象者にこう尋ねた。「人には自由意思があると思いますか。

人は自分の意思決定と選択をおおむね自分でコントロールできていると思いますか」するとと、八二％の人が「イエス」と答えた。

この点だけ見ると、人々は人間の主体性を信じているように思える。

ただし、それだけでなく、私はこの調査の中で、こんな問いも投げかけた。「人生におけるほとんどのことは、理由があって起きるのだと思いますか」すると、この問いに対しても、七八％の人が「イエス」と答えた。

この点では、人々は運命を信じているように思える。

これで一対一の引き分け。決着はつかず、と言えそうだ。

この二つの問いに対する調査対象者たちの回答を重ね合わせると、頭が混乱してきた。まず、両方の主張を否定した人——自由意思を信じず、運命も信じない人たち——は、わずか五％だった。このような人たちは「ニヒリスト」と呼べるだろう。

一方、運命を信じず、自分が自由意思に基づいて行動していると考える人は、一〇％だった。この人たちは「個人主義者」と呼べるだろう。これと正反対の考え方、すなわち、自由意思などというのは幻想にすぎず、すべては運命で決まるという考え方をいだいている人も、一〇％いた。この人たちは「運命主義者」と呼べるだろう。

しかし、飛び抜けて多かったのは、自分が自由意思に基づいて行動していると考える一方で、運命の存在も信じている人たちだった。この二つの考え方は一見すると相矛盾するように思えるが、調査対象者の四人に三人がこのように考えていたのだ。

こうした不可解な考え方をする人たちをどのように呼べばいいのだろうか。

私はそれをしばらく考えてみた。そして、慎重な検討の末にたどり着いた呼び名は……

「人間」である。

後悔という感情を自動車にたとえれば、そのボンネットの下に隠れているエンジンはストーリーテリングだ。私たちが後悔をいだくのは、私たちの想像力が過去へ時間をさかのぼり、すでに起きた出来事を書き換え、実際よりハッピーな結末を思い描けるからにほかならない。そして、私たちが後悔の感情に対処し、その経験をうまく生かせるかどうかも、ストーリーを紡ぐ能力にかかっている。過去の経験を認めて、その経験の構成要素を分析し、次の新しい章を書いては書き直すことを続ける必要があるのだ。

このように、後悔の土台を成すのはストーリーテリングだと言える。では、そうしたストーリーにおいて、私たちは物語の作者なのか、それとも登場人物なのか。私たちは脚本家なのか、それとも俳優なのか。

「人には自由意思があると思いますか。人は自分の意思決定と選択をおおむね自分でコントロールできていると思いますか」「人生におけるほとんどのことは、理由があって起きるのだと思いますか」という二つの問いに対する調査対象者たちの回答によれば、それは両方だということになる。私のきわめて論理立った問いに対して、人々は一見すると矛盾していて、戸惑いを感じざるをえない、きわめて人間らしい回答をしているのだ。

人生とは人がみずからに語る物語だというのであれば、後悔を通して見えてくるのは、私たちがその物語で二つの役割をもっているということだ。私たちは、物語の作者であり、同時に俳優でもあるのだ。

私たちは人生の物語の大枠を決めることはできるが、細部まですべて自分で決めることはできない。逆に私たちは、与えられた脚本を放り出せる場合もあるが、いつでもそれが可能なわけではない。要するに、私たちは、自由意思と環境が交錯する場所で生きているのである。

ノースウェスタン大学の心理学者であるダン・マクアダムズは長年、人はストーリーを通じてアイデンティティを形づくると主張してきた。マクアダムズの研究によれば、私たちがみずからの人生を理解しようとするうえでは、二つの種類の物語がせめぎ合っているという。

ひとつは、「汚染の物語」。つまり、ものごとがよい状態から悪い状態へ移行するというストーリーだ。もうひとつは、「修復の物語」。こちらは、ものごとが悪い状態からよい状態へ移行するというストーリーである。[1]

マクアダムズによれば、「汚染の物語」がみずからのアイデンティティの構成要素になっている人は、私生活で不幸せに感じていて、職業生活でも精彩を欠いている場合が多い。

一方、「修復の物語」がアイデンティティの構成要素になっている人は、正反対の傾向が見られた。人生の満足度と達成感が高く、生き甲斐を感じて生きている場合が多いのだ。

その点、後悔は、究極の「修復の物語」を生む可能性を秘めている。その威力は、どのようなポジティブな感情よりも強力だ。しかし、私たちは最初のうち、その点に気づいていない場合が多い。

シェリル・ジョンソンは、そのことを痛いほどよく知っている。

シェリルがいだいていた後悔は、親友だったジェンと連絡を途絶えさせてしまったこと。その後悔に、ずっと苛まれ続けてきた。そこで、二〇二一年五月のある朝、ついに気まずい思いを乗り越えて、ジェンに電子メールを送った。

「こんなに久しぶりに私からメールが届いて、奇妙に感じているかもしれませんね」という書き出しで、その電子メールは始まっていた。

二五年も連絡を取り合っていなかったのに、数時間も経たずにジェンから返信が届いた。

二人はさっそく、バーチャル形式でランチをともにする約束をした。

「自分が過ちを犯したとずっとわかっていたと、ジェンに言いました」と、シェリルはバーチャル・ランチのあとで私に語った。「お互いの人生を見守りながら過ごせたはずの日々を何年も無駄にしてしまった。そのことを悔やんでいると伝えました」

それに対して、ジェンはこう述べたという。「でも、まだ時間はいっぱいあるじゃない」

このような考え方で後悔に向き合うアプローチ、すなわち、過去を振り返ることを通じて前に進むことを目指し、自分でコントロールできないことは脇に置き、コントロールできることに集中して、自分の「修復の物語」を自分で紡いでいくアプローチを実践することにより、解放感を得られる場合がある。

私の場合もそうだった。

私がいだいている大きな後悔のひとつは、若い頃、もっと他人に親切にすればよかったというものだ。自分がそのような行動を取ったことが必然だったとは思えない。思い返すと、どうしてそんな態度を取ったのかはわかる。いま私は、他人に親切にすることを重んじて生きている（いつもうまくいくとは限らないけれど）。

私は、過去に不誠実な行動を取ったときのことも後悔している。他人にすさまじいほどひどい仕打ちをしたことはないけれど、この種の経験は私の記憶のなかに傷のように残っている。いま私は、そのような記憶をこれ以上増やさないために正しい行動を取るよう、以前より努力している。

教育とキャリアに関する選択でも後悔していることがある。でも、いま私は、そのような失敗について以前ほど自分を責めなくなった。代わりに、その経験から得た教訓を生かして人生を生き、ほかの人たちにも助言するようになった。

友人や師、仕事仲間ともっと深い絆をはぐくめばよかったという後悔もいだいている。

そこで、いま私は、昔よりも、ほかの人たちに手を差し伸べるようにしている。

もうひとつの後悔は、あまり起業家精神を発揮せず、新しいものをつくり出すことのリスクを避けてきたことだ。私の置かれた恵まれた状況を考えれば、自分の本当の思いに従って、もっと勇気をもって行動できたはずだった。いま私は……この点に関してはこれからの私の行動を見ていただきたい。

本書を執筆するために、後悔という最も誤解されている感情に関する科学的研究と人々の体験談に数年間どっぷりつかったことで、私は自分自身についても、ほかの人たちについても発見したのと同じことを発見した。

後悔は私を人間たらしめている。
後悔は私をよりよい人間にしてくれる。
後悔は私に希望をもたらせる。

謝辞

断言できるのは、大勢の素晴らしい人たちを味方にしていることを私が後悔していないということだ。とくに、次の面々には深く感謝している。

ジェイク・モリッシーは、本の構成の賢明な（そしてきわめて重要な）見直しを提案し、私の華麗にはほど遠い文章を華麗に磨き上げ、いつも私の話し相手を務めてきた。ジェイクとの会話は、新型コロナ禍の暗い日々における数少ない明るい要素だった。

出版元であるリバーヘッドのチーム、とりわけアシュリー・ガーランド、リディア・ハート、ジェフ・クロスク、ジン・ディリング・マーティン、アシュリー・サットンは、私の書籍すべてに頭脳と労力を提供してきた。

卓越した著者エージェントのラフェ・サガリンは、過去二五年間に一緒につくってきたすべての書籍と同様、この本についても的確なアドバイスを寄せた。

「ワールド後悔サーベイ」に回答してくれた一万六〇〇〇人の人たち、「アメリカ後悔プロジェクト」に協力してくれた五〇〇〇人近くの人たち、そして（きわめてリアルな）経験についてインタビュー（ほとんどの場合はバーチャル会議システムを利用した）に応じてくれた一〇〇人を超す人たちにも感謝している。

ジョセフ・ヒンソン、ネーサン・トレンス、ジョシュ・ケネディは、クアルトリクス社のチームとともに、「ワールド後悔サーベイ」を設計し、この調査を強力で、活用しやすいものにした。

フレッド・コフマンは、執筆が停滞していたときに、私に目的意識を与えてやる気に火をつけた。

キャメロン・フレンチは、今回も事実関係を調査し、フィクションのつじつまを合わせ、万能型のリサーチャーとして活躍した。

ターニャ・マイボロダは、私の要望が大ざっぱなものだったにもかかわらず、今回もまた一流のグラフィクスを作成した。

ソフィア・ピンクは、傑出した定量分析のスキルを発揮し、膨大で雑多なデータのなかに眠っていた発見を掘り起こした。

エリーザ・ピンクとソール・ピンクは、万全とは言い難い環境で、大学と高校で力強くゴールする方法を雄弁に実証した。

そして、ジェシカ・ラーナー。あなたには、すべてのことを感謝している。

【著者紹介】

ダニエル・ピンク（Daniel H. Pink）

◉——1964年生まれ。ノースウェスタン大学卒業、イェール大学ロースクール修了。米上院議員の補佐官、ロバート・ライシュ労働長官の補佐官兼スピーチライターを経て、1995〜97年はアル・ゴア副大統領の首席スピーチライターを務めた。
◉——フリーエージェント宣言後は、ビジネス・経済・社会・テクノロジーをテーマに、記事や論文の執筆、講演などに従事。行動科学をテーマにしたテレビ番組の共同プロデューサーを務めたこともある。
◉——過去の著書はこれまでに42カ国語に翻訳されており、すべての著書の日本語版が出版されている。『フリーエージェント社会の到来』（ダイヤモンド社）、『ハイ・コンセプト』（三笠書房）、『ジョニー・ブンコの冒険』『モチベーション3.0』『人を動かす、新たな3原則』『When 完璧なタイミングを科学する』（以上、講談社）がある。
◉——世界のトップ経営思想家を選ぶ「Thinkers50」の常連で、2021年のランキングでは9位に選出。

【訳者紹介】

池村　千秋（いけむら・ちあき）

◉——翻訳家。訳書に、『LIFE SHIFT』『LIFE SHIFT 2』（ともに東洋経済新報社）、『CHANGE 組織はなぜ変われないのか』（ダイヤモンド社）などがある。

THE POWER OF REGRET
振り返るからこそ、前に進める

2023年12月４日　第1刷発行

著　者——ダニエル・ピンク
訳　者——池村　千秋
発行者——齊藤　龍男
発行所——株式会社かんき出版
東京都千代田区麴町4-1-4 西脇ビル　〒102-0083
電話　営業部：03(3262)8011㈹　編集部：03(3262)8012㈹
FAX　03(3234)4421　振替　00100-2-62304
https://kanki-pub.co.jp/

印刷所——図書印刷株式会社

乱丁・落丁本はお取り替えいたします。購入した書店名を明記して、小社へお送りください。ただし、古書店で購入された場合は、お取り替えできません。
本書の一部・もしくは全部の無断転載・複製複写、デジタルデータ化、放送、データ配信などをすることは、法律で認められた場合を除いて、著作権の侵害となります。
©Chiaki Ikemura 2023 Printed in JAPAN ISBN978-4-7612-7705-5 C0030

原注

第１章

1　この記述は、ピアフの評伝２点（Burke, Carolyn. *No regrets: The life of Edith Piaf.* London: A&C Black, 2012; Noli, Jean. *Edith Piaf: Trois ans pour mourir.* Pocket Presses, 1978）およびシャルル・デュモンに対する2003年のインタビュー（Lichfield, John. "Charles Dumont: Regrets? Too few to mention." *The Independent*, October 9, 2003）に基づいている。

2　Heldenfels, Richard. "TV mailbag: What's the song in the Allstate commercial?" *Akron Beacon Journal*, October 8, 2020; Wilder, Ben. "New Allstate commercial—actors, location, and music." *Out of the Wilderness*, December 13, 2020. Available at: https://outofthewilderness.me /2020/11/08/allstate/.

3　Peale, Norman Vincent. "No room for regrets." *Guideposts*, December 10, 2008; Wolf, Richard. "Ruth Bader Ginsburg, in her 'own words.'" *USA Today*, October 3, 2016; Blair, Gwenda. "How Norman Vincent Peale taught Donald Trump to worship himself." *Politico Magazine*, October 6, 2015; Vecsey, George. "Norman Vincent Peale, preacher of gospel optimism, dies at 95." *New York Times*, December 26, 1993; Greenhouse, Linda. "Ruth Bader Ginsburg, Supreme Court's feminist icon, is dead at 87." *New York Times*, September 18, 2020.

4　Chen, Joyce. "Angelina Jolie wrote foreword to ex-husband Billy Bob Thornton's new memoir." *New York Daily News*, February 23, 2012; Robhemed, Natalie. "Laverne Cox on breaking down barriers in Hollywood and beyond." *Forbes*, May 13, 2016; Feloni, Richard. "Tony Robbins reveals what he's learned from financial power players like Carl Icahn and Ray Dalio." *Business Insider*, November 18, 2014; Elliot, Paul. "Slash: A decade of drugs was not money well spent." *Classic Rock*, June 12, 2015.（残念ながら、ディランとトラボルタの発言の出典を見つけることはできなかったが、それらの発言は多くの場で紹介されており、私の知る限り異論も唱えられていない。たとえば、以下を参照。https://www.reddit.com/r/quotes/comments/bdtnn5/i_dont_believe_in_regrets_regrets_just_keep_you/.）

5　https://catalog.loc.gov.

6　Liszewski, Walter, Elizabeth Kream, Sarah Helland, Amy Cavigli, Bridget C. Lavin, and Andrea Murina. "The demographics and rates of tattoo complications, regret, and unsafe tattooing practices: A cross-sectional study." *Dermatologic Surgery* 41, no. 11 (2015): 1283–89; Kurniadi, Ivan, Farida Tabri, Asnawi Madjid, Anis Irawan Anwar, and Widya Widita. "Laser tattoo removal: Fundamental principles and practical approach." *Dermatologic Therapy* (2020): e14418; Harris Poll. "Tattoo takeover: Three in ten Americans have tattoos, and most don't stop at just one." February 10, 2016. Available at: https://bit.ly/35UIndU; Leigh, Harri. "Tattoo removal revenue about to hit record." *Lehigh Valley Public Media*, October 16, 2018; Allied Market Research. "Tattoo removal market size: Industry forecast by 2027." October 2020. Available at: https://www.alliedmarketresearch.com/tattoo-removal-market; Ellison, Katherine. "Getting his tattoo took less than 20

minutes. Regret set in within hours." *Washington Post*, May 31, 2020.

7 Markowitz, Harry. "Portfolio selection." *Journal of Finance* 7 (1952): 77–91; Markowitz, Harry M. "Foundations of portfolio theory." *Journal of Finance* 46, no. 2 (1991): 469–77.

8 Forgeard, M. J. C., and M. E. P. Seligman. "Seeing the glass half full: A review of the causes and consequences of optimism." *Pratiques Psychologiques* 18, no. 2 (2012): 107–20; Rasmussen, Heather N., Michael F. Scheier, and Joel B. Greenhouse. "Optimism and physical health: A meta-analytic review." *Annals of Behavioral Medicine* 37, no. 3 (2009): 239–56.

9 Lyubomirsky, Sonja, Laura King, and Ed Diener. "The benefits of frequent positive affect: Does happiness lead to success?" *Psychological Bulletin* 131, no. 6 (2005): 803.

10 たとえば、以下を参照。Ford, Brett Q., Phoebe Lam, Oliver P. John, and Iris B. Mauss. "The psychological health benefits of accepting negative emotions and thoughts: Laboratory, diary, and longitudinal evidence." *Journal of Personality and Social Psychology* 115, no. 6 (2018): 1075.

第２章

1 Greenberg, George, and Mary FitzPatrick. "Regret as an essential ingredient in psychotherapy." *The Psychotherapy Patient* 5, no. 1–2 (1989): 35–46.

2 Bell, David E. "Reply: Putting a premium on regret." *Management Science* 31, no. 1 (1985): 117–22.

3 Guthrie, Chris. "Carhart, constitutional rights, and the psychology of regret." *Southern California Law Review* 81 (2007): 877. 以下の文献を引用。Hampshire, Stuart. "Thought and action." (1959).

4 Guttentag, Robert, and Jennifer Ferrell. "Reality compared with its alternatives: Age differences in judgments of regret and relief." *Developmental Psychology* 40, no. 5 (2004): 764. 以下も参照。Uprichard, Brian, and Teresa McCormack. "Becoming kinder: Prosocial choice and the development of interpersonal regret." *Child Development* 90, no. 4 (2019): e486—e504.

5 Gautam, Shalini, Thomas Suddendorf, Julie D. Henry, and Jonathan Redshaw. "A taxonomy of mental time travel and counterfactual thought: Insights from cognitive development." *Behavioural Brain Research* 374 (2019): 112108; Burns, Patrick, Kevin J. Riggs, and Sarah R. Beck. "Executive control and the experience of regret." *Journal of Experimental Child Psychology* 111, no. 3 (2012): 501–15.（この論文では、「後悔の感情をいだくようになるまでに年数を要するのは……後悔するためには、脳が２つの現実を同時に意識し、両者を比較する機能を備える必要があるためである」と述べている）。

6 以下を参照。O'Connor, Eimear, Teresa McCormack, and Aidan Feeney. "The development of regret." *Journal of Experimental Child Psychology* 111, no. 1 (2012): 120–27; McCormack, Teresa, Eimear O'Connor, Sarah Beck, and Aidan Feeney. "The development of regret and relief about the outcomes of risky decisions." *Journal of Experimental Child Psychology* 148 (2016): 1–19; O'Connor, Eimear, Teresa McCormack, Sarah R. Beck, and Aidan Feeney. "Regret and adaptive decision making in young children." *Journal of*

Experimental Child Psychology 135 (2015): 86–92.

7 McCormack, Teresa, and Aidan Feeney. "The development of the experience and anticipation of regret." *Cognition and Emotion* 29, no. 2 (2015): 266–80.

8 Rafetseder, Eva, Maria Schwitalla, and Josef Perner. "Counterfactual reasoning: From childhood to adulthood." *Journal of Experimental Child Psychology* 114, no. 3 (2013): 389–404; Guttentag, Robert, and Jennifer Ferrell. "Children's understanding of anticipatory regret and disappointment." *Cognition and Emotion* 22, no. 5 (2008): 815–32; Habib, Marianne, M. Cassotti, G. Borst, G. Simon, A. Pineau, O. Houdé, and S. Moutier. "Counterfactually mediated emotions: A developmental study of regret and relief in a probabilistic gambling task." *Journal of Experimental Child Psychology* 112, no. 2 (2012): 265–74.

9 Camille, Nathalie, Giorgio Coricelli, Jerome Sallet, Pascale Pradat-Diehl, Jean-René Duhamel, and Angela Sirigu. "The involvement of the orbitofrontal cortex in the experience of regret." *Science* 304, no. 5674 (2004): 1167–70. 以下も参照。Coricelli, Giorgio, Hugo D. Critchley, Mateus Joffily, John P. O'Doherty, Angela Sirigu, and Raymond J. Dolan. "Regret and its avoidance: A neuroimaging study of choice behavior." *Nature Neuroscience* 8, no. 9 (2005): 1255–62.（この論文によると、過去のことを後悔する場合と、未来の後悔を予測する場合で同じ脳の回路が用いられているという）; Ursu, Stefan, and Cameron S. Carter. "Outcome representations, counterfactual comparisons and the human orbitofrontal cortex: Implications for neuroimaging studies of decision-making." *Cognitive Brain Research* 23, no. 1 (2005): 51–60.

10 Solca, Federica, Barbara Poletti, Stefano Zago, Chiara Crespi, Francesca Sassone, Annalisa Lafronza, Anna Maria Maraschi, Jenny Sassone, Vincenzo Silani, and Andrea Ciammola. "Counterfactual thinking deficit in Huntington's disease." *PLOS One* 10, no. 6 (2015): e0126773.

11 McNamara, Patrick, Raymon Durso, Ariel Brown, and A. Lynch. "Counterfactual cognitive deficit in persons with Parkinson's disease." *Journal of Neurology, Neurosurgery, and Psychiatry* 74, no. 8 (2003): 1065–70.

12 Contreras, Fernando, Auria Albacete, Pere Castellví, Agnès Caño, Bessy Benejam, and José Manuel Menchón. "Counterfactual reasoning deficits in schizophrenia patients." *PLOS One* 11, no. 2 (2016): e0148440; Hooker, Christine, Neal J. Roese, and Sohee Park. "Impoverished counterfactual thinking is associated with schizophrenia." *Psychiatry* 63, no. 4 (2000): 326–35.（サイコパスの人物も過去の行動について後悔することはあるが、未来の後悔を予期することにより意思決定が左右されることはないらしい）; Baskin-Sommers, Arielle, Allison M. Stuppy-Sullivan, and Joshua W. Buckholtz. "Psychopathic individuals exhibit but do not avoid regret during counterfactual decision making." *Proceedings of the National Academy of Sciences* 113, no. 50 (2016): 14438–43.

13 Tagini, Sofia, Federica Solca, Silvia Torre, Agostino Brugnera, Andrea Ciammola, Ketti Mazzocco, Roberta Ferrucci, Vincenzo Silani, Gabriella Pravettoni, and Barbara Poletti. "Counterfactual thinking in psychiatric and neurological diseases: A scoping review." *PLOS One* 16, no. 2 (2021): e0246388.

14　Gilovich, Thomas, and Victoria Husted Medvec. "The temporal pattern to the experience of regret." *Journal of Personality and Social Psychology* 67, no. 3 (1994): 357. 以下の文献も参照。Zeelenberg, Marcel, and Rik Pieters. "A theory of regret regulation 1.0." *Journal of Consumer Psychology* 17, no. 1 (2007): 3-18.（「ほかのネガティブな感情はすべて、選択をおこなうことなく経験する場合もある。しかし、後悔はつねに、選択の結果として経験する」); Hammell, C., and A. Y. C. Chan. "Improving physical task performance with counterfactual and prefactual thinking." *PLOS One* 11, no. 12 (2016): e0168181. https://doi.org/10.1371/journal.pone.0168181.

15　Landman, Janet. *Regret: The persistence of the possible.* New York: Oxford University Press, 1993, 47.

16　Zeelenberg, Marcel, and Rik Pieters. "A theory of regret regulation 1.0." *Journal of Consumer Psychology* 17, no. 1 (2007): 3-18.

17　Fleming, Eleanor B., Duong Nguyen, Joseph Afful, Margaret D. Carroll, and Phillip D. Woods. "Prevalence of daily flossing among adults by selected risk factors for periodontal disease—United States, 2011-2014." *Journal of Periodontology* 89, no. 8 (2018): 933-39; Sternberg, Steve. "How many Americans floss their teeth?" *U.S. News and World Report*, May 2, 2016.

18　Shimanoff, Susan B. "Commonly named emotions in everyday conversations." *Perceptual and Motor Skills* (1984).

19　Saffrey, Colleen, Amy Summerville, and Neal J. Roese. "Praise for regret: People value regret above other negative emotions." *Motivation and Emotion* 32, no. 1 (2008): 46-54.

20　Bjälkebring, Pär, Daniel Västfjäll, Ola Svenson, and Paul Slovic. "Regulation of experienced and anticipated regret in daily decision making." *Emotion* 16, no. 3 (2016): 381.

21　Morrison, Mike, and Neal J. Roese. "Regrets of the typical American: Findings from a nationally representative sample." *Social Psychological and Personality Science* 2, no. 6 (2011): 576-83.

22　Gilovich, Thomas, and Victoria Husted Medvec. "The experience of regret: What, when, and why." *Psychological Review* 102, no. 2 (1995): 379.

23　Langley, William. "Edith Piaf: Mistress of heartbreak and pain who had a few regrets after all." *Daily Telegraph*, October 13, 2013.

第3章

1　Roese, Neal J., and Kai Epstude. "The functional theory of counterfactual thinking: New evidence, new challenges, new insights." In *Advances in Experimental Social Psychology*, vol. 56, 1-79. Academic Press, 2017

2　Medvec, Victoria Husted, Scott F. Madey, and Thomas Gilovich. "When less is more: Counterfactual thinking and satisfaction among Olympic medalists." *Journal of Personality and Social Psychology* 69, no. 4 (1995): 603.（この研究では、ニューヨーク州のアマチュアスポーツ競技会であるエンパイヤステート・ゲームズの1994年大会のメダリストたちについても調べた）

concerning personal decisions." *British Journal of Psychology* 83, no. 4 (1992): 473-77.
4　Metha, Arlene T., Richard T. Kinnier, and Ellen H. McWhirter. "A pilot study on the regrets and priorities of women." *Psychology of Women Quarterly* 13, no. 2 (1989): 167-74.
5　Lecci, Len, Morris A. Okun, and Paul Karoly. "Life regrets and current goals as predictors of psychological adjustment." *Journal of Personality and Social Psychology* 66, no. 4 (1994): 731.
6　DeGenova, Mary Kay. "If you had your life to live over again: What would you do differently?" *International Journal of Aging and Human Development* 34, no. 2 (1992): 135-43.
7　Gilovich, Thomas, and Victoria Husted Medvec. "The temporal pattern to the experience of regret." *Journal of Personality and Social Psychology* 67, no. 3 (1994): 357.
8　Hattiangadi, Nina, Victoria Husted Medvec, and Thomas Gilovich. "Failing to act: Regrets of Terman's geniuses." *International Journal of Aging and Human Development* 40, no. 3 (1995): 175-85.（この研究の対象となった元神童たちは、1920年代に心理学者のルイス・ターマン［Lewis Terman］が調査を開始したことから英語で「Termite」と呼ばれている人たちだ。この人たちの人生の歩みは、ターマンやほかの研究者たちにより生涯を通じて研究されている）
9　Roese, Neal J., and Amy Summerville. "What we regret most . . . and why." *Personality and Social Psychology Bulletin* 31, no. 9 (2005): 1273-85.
10　Morrison, Mike, and Neal J. Roese. "Regrets of the typical American: Findings from a nationally representative sample." *Social Psychological and Personality Science* 2, no. 6 (2011): 576-83.

第6章

1　Chomsky, Noam. *Syntactic structures*. New York: De Gruyter Mouton, 2009［『統辞構造論』（岩波文庫）］; Chomsky, Noam. *Deep structure, surface structure and semantic interpretation*. New York: De Gruyter Mouton, 2019; Anderson, Stephen R. "On the role of deep structure in semantic interpretation." *Foundations of Language* (1971): 387-96.
2　Chomsky, Noam. *Aspects of the theory of syntax*. Cambridge, MA: MIT Press, 1965.［『統辞理論の諸相』（岩波文庫）］

第7章

1　O'Donoghue, Ted, and Matthew Rabin. "Doing it now or later." *American Economic Review* 89, no. 1 (1999): 103-24; Frederick, Shane, George Loewenstein, and Ted O'Donoghue. "Time discounting and time preference: A critical review." *Journal of Economic Literature* 40, no. 2 (2002): 351-401.
2　Robbins, Jamie E., Leilani Madrigal, and Christopher T. Stanley. "Retrospective remorse: College athletes' reported regrets from a single season." *Journal of Sport Behavior* 38, no. 2 (2015).
3　Hemingway, Ernest. *The sun also rises*. New York: Scribner, 1954.［『日はまた昇る』（ハヤカワepi文庫ほか）］

4　Wagenaar, William A., and Sabato D. Sagaria. "Misperception of exponential growth." *Perception and Psychophysics* 18, no. 6 (1975): 416–22; Levy, Matthew, and Joshua Tasoff. "Exponentialgrowth bias and lifecycle consumption." *Journal of the European Economic Association* 14, no. 3 (2016): 545–83.

5　Jones, Edward E., and Victor A. Harris. "The attribution of attitudes." *Journal of Experimental Social Psychology* 3, no. 1 (1967): 1–24; Kelley, Harold H. "The processes of causal attribution." *American Psychologist* 28, no. 2 (1973): 107; Bem, Daryl J. "Self-perception theory." In Advances in experimental social psychology, vol. 6, 1–62. Academic Press, 1972; Ross, Lee. "The intuitive psychologist and his shortcomings: Distortions in the attribution process." In *Advances in experimental social psychology*, vol. 10, 173–220. Academic Press, 1977; Henrich, Joseph, Steven J. Heine, and Ara Norenzayan. "The weirdest people in the world?" *Behavioral and Brain Sciences* 33, no. 2–3 (2010): 61–83.

第8章

1　Costa, Paul T., and Robert R. McCrae. "Revised NEO personality inventory (NEO-PI-R) and NEO five-factor inventory (NEO-FFI)." *Psychological Assessment Resources* (1992); Ones, Deniz S., and Stephan Dilchert. "How special are executives? How special should executive selection be? Observations and recommendations." *Industrial and Organizational Psychology* 2, no. 2 (2009): 163–70.

2　Margolis, Seth, and Sonja Lyubomirsky. "Experimental manipulation of extraverted and introverted behavior and its effects on well-being." *Journal of Experimental Psychology: General* 149, no. 4 (2020): 719. 以下も参照。Kuijpers, E., J. Pickett, B. Wille, and J. Hofmans. "Do you feel better when you behave more extraverted than you are? The relationship between cumulative counterdispositional extraversion and positive feelings." *Personality and Social Psychology Bulletin* (2021): 01461672211015062.

3　Gilovich, Thomas, and Victoria Husted Medvec. "The temporal pattern to the experience of regret." *Journal of personality and social psychology* 67, no. 3 (1994): 357; Gilovich, Thomas, and Victoria Husted Medvec. "The experience of regret: What, when, and why." *Psychological review* 102, no. 2 (1995): 379.

4　Gilovich, Thomas, Ranxiao Frances Wang, Dennis Regan, and Sadafumi Nishina. "Regrets of action and inaction across cultures." *Journal of Cross-Cultural Psychology* 34, no. 1 (2003): 61–71. 以下も参照。Chen, Jing, Chi-Yue Chiu, Neal J. Roese, Kim-Pong Tam, and Ivy Yee-Man Lau. "Culture and counterfactuals: On the importance of life domains." *Journal of Cross-Cultural Psychology* 37, no. 1 (2006): 75–84.

5　Gilovich, Thomas, and Victoria Husted Medvec. "The temporal pattern to the experience of regret." *Journal of personality and social psychology* 67, no. 3 (1994): 357; Gilovich, Thomas, and Victoria Husted Medvec. "The experience of regret: What, when, and why." *Psychological review* 102, no. 2 (1995): 379; 以下も参照。Savitsky, Kenneth, Victoria Husted Medvec, and Thomas Gilovich. "Remembering and regretting: The Zeigarnik effect and the cognitive availability of regrettable actions and inactions."

Personality and Social Psychology Bulletin 23, no. 3 (1997): 248-57.
6　Nash, O. *The Best of Ogden Nash*. Chicago: Ivan R. Dee, 2007.

第9章

1　Haidt, Jonathan. *The righteous mind: Why good people are divided by politics and religion*. New York: Vintage, 2012.［『社会はなぜ左と右にわかれるのか』（紀伊國屋書店）］（以下の著作もお勧めしたい。Lukianoff, Greg, and Jonathan Haidt. *The coddling of the American mind: How good intentions and bad ideas are setting up a generation for failure*. New York: Penguin Books, 2019［『傷つきやすいアメリカの大学生たち』（草思社）］; Haidt, Jonathan. *The happiness hypothesis: Finding modern truth in ancient wisdom*. New York: Basic Books, 2006.［『しあわせ仮説』（新曜社）］）
2　Haidt, Jonathan. "The emotional dog and its rational tail: A social intuitionist approach to moral judgment." *Psychological Review* 108, no. 4 (2001): 814; Haidt, Jonathan, Fredrik Bjorklund, and Scott Murphy. "Moral dumbfounding: When intuition finds no reason." Unpublished manuscript, University of Virginia (2000): 191-221.
3　Graham, Jesse, Jonathan Haidt, and Brian A. Nosek. "Liberals and conservatives rely on different sets of moral foundations." *Journal of Personality and Social Psychology* 96, no. 5 (2009): 1029.
4　Graham, Jesse, Jonathan Haidt, Sena Koleva, Matt Motyl, Ravi Iyer, Sean P. Wojcik, and Peter H. Ditto. "Moral foundations theory: The pragmatic validity of moral pluralism." In *Advances in experimental social psychology*, vol. 47, 55-130. Academic Press, 2013.
5　Graham, Jesse, Jonathan Haidt, Sena Koleva, Matt Motyl, Ravi Iyer, Sean P. Wojcik, and Peter H. Ditto. "Moral foundations theory: The pragmatic validity of moral pluralism." In *Advances in experimental social psychology*, vol. 47, 55-130. Academic Press, 2013.
6　Graham, Jesse, Jonathan Haidt, Matt Motyl, Peter Meindl, Carol Iskiwitch, and Marlon Mooijman. "Moral foundations theory." *Atlas of moral psychology* (2018): 211-22.
7　Lynd, Robert Staughton, and Helen Merrell Lynd. *Middletown: A study in contemporary American culture*. New York: Harcourt, Brace, and Company, 1929.［『ミドゥルタウン』（青木書店）］
8　Haidt, Jonathan. *The righteous mind: Why good people are divided by politics and religion*. New York: Vintage, 2012, 163.［『社会はなぜ左と右にわかれるのか』（紀伊國屋書店）］
9 "Americans' Abortion Views Steady in Past Year." https://news.gallup.com/poll/313094/americans-abortion-views-steady-past-year.aspx.
10　Durkheim, Emile. *The elementary forms of the religious life*. [1912]. New York: Free Press, 1965, 34.［原典はフランス語。『宗教生活の基本形態』（ちくま学芸文庫）］

第10章

1　英語版本文では、この団体を「sorority」（訳注／「姉妹」を意味するラテン語「*soror*」に由来する英単語）という言葉で表現したが、正式には「women's fraternity」と称している。これは、大半のsororityと異なり、「fraternity（男子学生クラブ）」（訳注／「兄弟」を意味するラテン語「*frater*」に由来する英単語）の姉妹組織ではないからだ。しかし、実質的には

sororityと変わりがないので、女子学生クラブを意味するより一般的な英単語である「sorority」を用いた。

2 Morrison, Mike, Kai Epstude, and Neal J. Roese. "Life regrets and the need to belong." *Social Psychological and Personality Science* 3, no. 6 (2012): 675-81.

3 たとえば、以下を参照。Eyal, Tal, Mary Steffel, and Nicholas Epley. "Perspective mistaking: Accurately understanding the mind of another requires getting perspective, not taking perspective." *Journal of Personality and Social Psychology* 114, no. 4 (2018): 547.

4 Epley, Nicholas, and Juliana Schroeder. "Mistakenly seeking solitude." *Journal of Experimental Psychology: General* 143, no. 5 (2014): 1980.

5 Boothby, Erica J., and Vanessa K. Bohns. "Why a simple act of kindness is not as simple as it seems: Underestimating the positive impact of our compliments on others." *Personality and Social Psychology Bulletin* (2020): 0146167220949003.

6 Miller, Dale T., and Cathy McFarland. "Pluralistic ignorance: When similarity is interpreted as dissimilarity." *Journal of Personality and Social Psychology* 53, no. 2 (1987): 298; Prentice, Deborah A., and Dale T. Miller. "Pluralistic ignorance and the perpetuation of social norms by unwitting actors." In *Advances in experimental social psychology*, vol. 28, 161-209. Academic Press, 1996; Prentice, Deborah A., and Dale T. Miller. "Pluralistic ignorance and alcohol use on campus: Some consequences of misperceiving the social norm." *Journal of Personality and Social Psychology* 64, no. 2 (1993): 243.

7 Mineo, Liz. "Good genes are nice, but joy is better." *Harvard Gazette* 11 (2017).

8 Mineo, Liz. "Good genes are nice, but joy is better." *Harvard Gazette* 11 (2017).

9 その割合がもっと大きい調査結果もあるが、いずれにせよ、子どもをもったことを後悔していると考えている親は、ごく少数にとどまる。たとえば、以下を参照。Piotrowski, Konrad. "How many parents regret having children and how it is linked to their personality and health: Two studies with national samples in Poland." *PLOS One* 16, no. 7 (2021): e0254163.

10 Ko, Ahra, Cari M. Pick, Jung Yul Kwon, Michael Barlev, Jaimie Arona Krems, Michael EW Varnum, Rebecca Neel et al. "Family matters: Rethinking the psychology of human social motivation." *Perspectives on Psychological Science* 15, no. 1 (2020): 173-201.

11 Vaillant, George E. "Happiness is love: Full stop." Unpublished manuscript (2012).

第11章

1 Higgins, E. Tory. "Self-discrepancy: A theory relating self and affect." *Psychological Review* 94, no. 3 (1987): 319.

2 Davidai, Shai, and Thomas Gilovich. "The ideal road not taken: The self-discrepancies involved in people's most enduring regrets." *Emotion* 18, no. 3 (2018): 439.（この研究によると、ありたい自分は、あるべき自分に比べて、到達することが難しく、具体的な行動よりも抽象的な価値に関わる部分が大きく、文脈に依存する面が小さい可能性があるという）

3 たとえば、以下を参照。Joel, Samantha, Jason E. Plaks, and Geoff MacDonald. "Nothing ventured, nothing gained: People anticipate more regret from missed romantic opportunities than from rejection." *Journal of Social and Personal Relationships* 36, no. 1

Bulletin 40, no. 3 (2014): 391-401.

40　Kross, Ethan, and Özlem Ayduk. "Self-distancing: Theory, research, and current directions." In *Advances in experimental social psychology*, vol. 55, 81-136. Academic Press, 2017.

41　Grossmann, Igor, Anna Dorfman, Harrison Oakes, Henri C. Santos, Kathleen D. Vohs, and Abigail A. Scholer. "Training for wisdom: The distanced-self-reflection diary method." *Psychological Science* 32, no. 3 (2021): 381-94. 以下も参照。Kross, Ethan, Emma Bruehlman-Senecal, Jiyoung Park, Aleah Burson, Adrienne Dougherty, Holly Shablack, Ryan Bremner, Jason Moser, and Özlem Ayduk. "Self-talk as a regulatory mechanism: How you do it matters." *Journal of Personality and Social Psychology* 106, no. 2 (2014): 304.

42　Dolcos, Sanda, and Dolores Albarracín. "The inner speech of behavioral regulation: Intentions and task performance strengthen when you talk to yourself as a You." *European Journal of Social Psychology* 44, no. 6 (2014): 636-42.

43　Orvell, Ariana, Ethan Kross, and Susan A. Gelman. "How 'you' makes meaning." *Science* 355, no. 6331 (2017): 1299-1302.

44　Kross, Ethan, Brian D. Vickers, Ariana Orvell, Izzy Gainsburg, Tim P. Moran, Margaret Boyer, John Jonides, Jason Moser, and Özlem Ayduk. "Third-person self-talk reduces Ebola worry and risk perception by enhancing rational thinking." *Applied Psychology: Health and Well-Being* 9, no. 3 (2017): 387-409.

45　Moser, Jason S., Adrienne Dougherty, Whitney I. Mattson, Benjamin Katz, Tim P. Moran, Darwin Guevarra, Holly Shablack, et al. "Third-person self-talk facilitates emotion regulation without engaging cognitive control: Converging evidence from ERP and fMRI." *Scientific Reports* 7, no. 1 (2017): 1-9.

46　この記述は、私のお気に入りのビジネス書のひとつである以下の書籍に基づいている。Heath, Chip, and Dan Heath. *Decisive: How to make better choices in life and work.* New York: Random House, 2013. [『決定力！』(ハヤカワ文庫 NF)]

47　Koo, Minkyung, Sara B. Algoe, Timothy D. Wilson, and Daniel T. Gilbert. "It's a wonderful life: Mentally subtracting positive events improves people's affective states, contrary to their affective forecasts." *Journal of Personality and Social Psychology* 95, no. 5 (2008): 1217.

第14章

1　このエピソードの詳細、そしてノーベルをノーベル賞創設に突き動かした真の動機に関しては、わかっていないことが多い。細部については、さまざまな異なる説明がなされている。以下を参照。Lenon, Troy. "Swedish inventor Alfred Nobel was spurred by his obituary to create the Nobel Prize." *Daily Telegraph*, April 12, 2018; Andrews, Evan. "Did a premature obituary inspire the Nobel Prize?" History.com, July 23, 2020. Available at: https://www.history.com/news/did-a-premature-obituary-inspire-the-nobel-prize. しかし、本文で紹介したストーリーは繰り返し紹介されてきた。ノーベル賞の受賞スピーチで、この逸話に言及されたこともある。たとえば、以下を参照。Gore, Al. "The Nobel lecture given by the Nobel Peace Prize laureate 2007, Al Gore (Oslo, December 10, 2007)." The Nobel Foundation,

Oslo (2007).

2 Chapman, Joyce. "Leveraging regret: Maximizing survey participation at the Duke University Libraries." Ithaka S+R blog, May 23, 2017. Available at: https://sr.ithaka.org/blog/leveraging-regret-maximizing-survey-participation-at-the-duke-university-libraries/.

3 たとえば、以下を参照。Haisley, Emily, Kevin G. Volpp, Thomas Pellathy, and George Loewenstein. "The impact of alternative incentive schemes on completion of health risk assessments." *American Journal of Health Promotion* 26, no. 3 (2012): 184-88; Zeelenberg, Marcel, and Rik Pieters. "Consequences of regret aversion in real life: The case of the Dutch postcode lottery." *Organizational Behavior and Human Decision Processes* 93, no. 2 (2004): 155-68. しかし、つねに効果があるわけではない。たとえば、以下を参照。Gandhi, Linnea, Katherine L. Milkman, Sean Ellis, Heather Graci, Dena Gromet, Rayyan Mobarak, Alison Buttenheim et al. "An experiment evaluating the impact of large-scale, high-payoff vaccine regret lotteries." *High-Payoff Vaccine Regret Lotteries* (August 13, 2021) (2021).（アメリカのフィラデルフィアでは、後悔くじによって新型コロナワクチンの接種を促進する効果はほとんど見られなかった）

4 Tversky, Amos, and Daniel Kahneman. "Advances in prospect theory: Cumulative representation of uncertainty." *Journal of Risk and Uncertainty* 5, no. 4 (1992): 297-323.

5 Ravert, Russell D., Linda Y. Fu, and Gregory D. Zimet. "Young adults' COVID-19 testing intentions: The role of health beliefs and anticipated regret." *Journal of Adolescent Health* 68, no. 3 (2021): 460-63.

6 Wolff, Katharina. "COVID-19 vaccination intentions: The theory of planned behavior, optimistic bias, and anticipated regret." *Frontiers in Psychology* 12 (2021).

7 Brewer, Noel T., Jessica T. DeFrank, and Melissa B. Gilkey. "Anticipated regret and health behavior: A meta-analysis." *Health Psychology* 35, no. 11 (2016): 1264.

8 Abraham, Charles, and Paschal Sheeran. "Deciding to exercise: The role of anticipated regret." *British Journal of Health Psychology* 9, no. 2 (2004): 269-78.

9 Steptoe, Andrew, Linda Perkins-Porras, Elisabeth Rink, Sean Hilton, and Francesco P. Cappuccio. "Psychological and social predictors of changes in fruit and vegetable consumption over 12 months following behavioral and nutrition education counseling." *Health Psychology* 23, no. 6 (2004): 574.

10 Penţa, Marcela A., Irina Catrinel Crăciun, and Adriana Băban. "The power of anticipated regret: Predictors of HPV vaccination and seasonal influenza vaccination acceptability among young Romanians." *Vaccine* 38, no. 6 (2020): 1572-78.

11 Chapman, Gretchen B., and Elliot J. Coups. "Emotions and preventive health behavior: Worry, regret, and influenza vaccination." *Health Psychology* 25, no. 1 (2006): 82.

12 Richard, Rene, Nanne K. de Vries, and Joop van der Pligt. "Anticipated regret and precautionary sexual behavior 1." *Journal of Applied Social Psychology* 28, no. 15 (1998): 1411-28.

13 Ahn, Jisoo, and Lee Ann Kahlor. "No regrets when it comes to your health: Anticipated regret, subjective norms, information insufficiency, and intent to seek health information from multiple sources." *Health Communication* 35, no. 10 (2020): 1295-1302.

14 de Nooijer, Jascha, Lilian Lechner, Math Candel, and Hein de Vries. "Short-and long-term effects of tailored information versus general information on determinants and intentions related to early detection of cancer." *Preventive Medicine* 38, no. 6 (2004): 694-703.

15 Elliott, Mark A., and James A. Thomson. "The social cognitive determinants of offending drivers' speeding behaviour." *Accident Analysis and Prevention* 42, no. 6 (2010): 1595-1605.

16 Sandberg, Tracy, and Mark Conner. "A mere measurement effect for anticipated regret: Impacts on cervical screening attendance." *British Journal of Social Psychology* 48, no. 2 (2009): 221-36.

17 Conner, Mark, Tracy Sandberg, Brian McMillan, and Andrea Higgins. "Role of anticipated regret, intentions, and intention stability in adolescent smoking initiation." *British Journal of Health Psychology* 11, no. 1 (2006): 85-101.

18 Carfora, Valentina, Daniela Caso, and Mark Conner. "Randomised controlled trial of a text messaging intervention for reducing processed meat consumption: The mediating roles of anticipated regret and intention." *Appetite* 117 (2017): 152-60.

19 Kaiser, Florian G. "A moral extension of the theory of planned behavior: Norms and anticipated feelings of regret in conservationism." *Personality and Individual Differences* 41, no. 1 (2006): 71-81.

20 Mayes, Liz. "At this workshop, writing your own obit means analyzing your past—or future." *Washington Post*, December 10, 2019.

21 Klein, Gary. "Performing a project premortem." *Harvard Business Review* 85, no. 9 (2007): 18-19.（注意深い読者は、私が過去の著作で「プレモーテム」に言及していたことを思い出したかもしれない。Pink, Daniel H. *When: The scientific secrets of perfect timing*. New York: Riverhead, 2019, 107-8.［『When 完璧なタイミングを科学する』（講談社）］）

22 Stillman, Jessica. "How Amazon's Jeff Bezos made one of the toughest decisions of his career." *Inc.*, June 13, 2016.

23 Wilson, Timothy D., and Daniel T. Gilbert. "Affective forecasting: Knowing what to want." *Current Directions in Psychological Science* 14, no. 3 (2005): 131-34; Gilbert, Daniel T., Matthew D. Lieberman, Carey K. Morewedge, and Timothy D. Wilson. "The peculiar longevity of things not so bad." *Psychological Science* 15, no. 1 (2004): 14-19. 以下も参照。Crawford, Matthew T., Allen R. McConnell, Amy C. Lewis, and Steven J. Sherman. "Reactance, compliance, and anticipated regret." *Journal of Experimental Social Psychology* 38, no. 1 (2002): 56-63.

24 Gilbert, Daniel T., Carey K. Morewedge, Jane L. Risen, and Timothy D. Wilson. "Looking forward to looking backward: The misprediction of regret." *Psychological Science* 15, no. 5 (2004): 346-50. 以下も参照。Sevdalis, Nick, and Nigel Harvey. "Biased forecasting of postdecisional affect." *Psychological Science* 18, no. 8 (2007): 678-81.

25 Simonson, Itamar. "The influence of anticipating regret and responsibility on purchase decisions." *Journal of Consumer Research* 19, no. 1 (1992): 105-18.

26 Bar-Hillel, Maya, and Efrat Neter. "Why are people reluctant to exchange lottery

tickets?" *Journal of Personality and Social Psychology* 70, no. 1 (1996): 17; Risen, Jane L., and Thomas Gilovich. "Another look at why people are reluctant to exchange lottery tickets." *Journal of Personality and Social Psychology* 93, no. 1 (2007): 12.（人は、宝くじをほかの人と交換すると当選する確率が高まると考える傾向がある）

27 van de Ven, Niels, and Marcel Zeelenberg. "Regret aversion and the reluctance to exchange lottery tickets." *Journal of Economic Psychology* 32, no. 1 (2011): 194-200.

28 Beattie, Jane, Jonathan Baron, John C. Hershey, and Mark D. Spranca. "Psychological determinants of decision attitude." *Journal of Behavioral Decision Making* 7, no. 2 (1994): 129-44; Wake, Sean, Jolie Wormwood, and Ajay B. Satpute. "The influence of fear on risk taking: A metaanalysis." *Cognition and Emotion* 34, no. 6 (2020): 1143-59; McConnell, Allen R., Keith E. Niedermeier, Jill M. Leibold, Amani G. El-Alayli, Peggy P. Chin, and Nicole M. Kuiper. "What if I find it cheaper someplace else? Role of prefactual thinking and anticipated regret in consumer behavior." *Psychology and Marketing* 17, no. 4 (2000): 281-98.（最安値保証をおこなえば、もっと安く買えるのではないかという思いを振り払えない消費者を購入に踏み切らせることができるかもしれない）

29 Larrick, Richard P., and Terry L. Boles. "Avoiding regret in decisions with feedback: A negotiation example." *Organizational Behavior and Human Decision Processes* 63, no. 1 (1995): 87-97.

30 Merry, Justin W., Mary Kate Elenchin, and Renee N. Surma. "Should students change their answers on multiple choice questions?" *Advances in Physiology Education* 45, no. 1 (2021): 182-90; Princeton Review. "Fourteen avoidable mistakes you make on test day." Available at: https://www.princetonreview.com/college-advice/test-day-mistakes.

31 Merry, Justin W., Mary Kate Elenchin, and Renee N. Surma. "Should students change their answers on multiple choice questions?" *Advances in Physiology Education* 45, no. 1 (2021): 182-90; Bauer, Daniel, Veronika Kopp, and Martin R. Fischer. "Answer changing in multiple choice assessment: Change that answer when in doubt—and spread the word!" *BMC Medical Education* 7, no. 1 (2007): 1-5; Couchman, Justin J., Noelle E. Miller, Shaun J. Zmuda, Kathryn Feather, and Tina Schwartzmeyer. "The instinct fallacy: The metacognition of answering and revising during college exams." *Metacognition and Learning* 11, no. 2 (2016): 171-85.（問題は、最初の直感を信じるかどうかではなく、どのようなメタ認知をいだいているか、つまり、自分が正解を導き出す能力にどの程度自信をもっているかだ）

32 Kruger, Justin, Derrick Wirtz, and Dale T. Miller. "Counterfactual thinking and the first instinct fallacy." *Journal of Personality and Social Psychology* 88, no. 5 (2005): 725.

33 Simon, Herbert A. "Rational choice and the structure of the environment." *Psychological Review* 63, no. 2 (1956): 129; Simon, Herbert A. "Rational decision making in business organizations." *American Economic Review* 69, no. 4 (1979): 493-513.

34 Schwartz, Barry, Andrew Ward, John Monterosso, Sonja Lyubomirsky, Katherine White, and Darrin R. Lehman. "Maximizing versus satisficing: Happiness is a matter of choice." *Journal of Personality and Social Psychology* 83, no. 5 (2002): 1178.

35 Schwartz, Barry, Andrew Ward, John Monterosso, Sonja Lyubomirsky, Katherine

White, and Darrin R. Lehman. "Maximizing versus satisficing: Happiness is a matter of choice." *Journal of Personality and Social Psychology* 83, no. 5 (2002): 1178.（選択肢が多いほど、最善とは言えない選択をする可能性が高まる。そのことを知っているために、実際の選択によって得られる喜びが減退しかねない）

おわりに

1　McAdams, Dan P., and P. J. Bowman. "Narrating life's turning points: Redemption and contamination: Narrative studies of lives in transition." In *Turns in the road: Narrative studies of lives in transition.* Washington, DC: American Psychological Association Press, 2001; McAdams, Dan P., Jeffrey Reynolds, Martha Lewis, Allison H. Patten, and Phillip J. Bowman. "When bad things turn good and good things turn bad: Sequences of redemption and contamination in life narrative and their relation to psychosocial adaptation in midlife adults and in students." *Personality and Social Psychology Bulletin* 27, no. 4 (2001): 474-85; McAdams, Dan P. "The psychology of life stories." *Review of General Psychology* 5, no. 2 (2001): 100-122; McAdams, Dan P. *The redemptive self: Stories Americans live by,* revised and expanded edition. New York: Oxford University Press, 2013.